W0206636

Le petit mercure

Collection animée par Colline Faure-Poirée

Le goût de Lisbonne

Textes choisis et présentés
par Jean-Noël Mouret

Mercure de France

ISBN 2-7152-2305-6

SOMMAIRE

VOIR LISBONNE

Camões : Lisbonne, porte du monde 15
Fernando Pessoa : La tour de Belém 18
José Saramago : L'arrivée au port 22
Miguel Torga : Les grands hommes de Lisbonne 27
António Lobo Antunes : Le temps de la médiocrité 31
Fernando Pessoa : L'ascenseur de Santa Justa 34
Urbano Tavares Rodrigues : La place Camões 37
Fernando Pessoa : Le musée colonial 40
José Saramago : La tombe de Pessoa 43
Vergílio Ferreira : La place du Rossio 47

GOÛTER LISBONNE

Gil Vicente : La grande soif 53
Antonio Tabucchi : Un porto millésimé 57
Antonio Tabucchi : Le vin de Colares 61
José Cardoso Pires : Dérive dans les bars 64
Fernando Pessoa : Un restaurant d'habitués 67
Antonio Tabucchi : Le sarrabulho a moda do Douro 72
José Saramago : L'art de déguster un mille-feuille 76

VIVRE LISBONNE

António Lobo Antunes : Chez le barbier 83
José Cardoso Pires : Corbeaux et fado 87
Miguel Torga : Ombres et lumières, 1 : le lever du jour 91
Fernando Pessoa : Ombres et lumières, 2 : le matin 94
Fernando Pessoa : Ombres et lumières, 3 : le soleil de midi 97
Miguel Torga : Ombres et lumières, 4 : la nuit 100
Eça de Queirós : Canotage sur le Tage 104
João Franco : La traversée du Tage 108
António Lobo Antunes : Rêverie autour d'un jardin public 111
José Saramago : Le carnaval 115
Vergilio Ferreira : Sérénade nocturne 119

Petit lexique de Lisbonne 123

Renseignements pratiques 129

INTRODUCTION

« Et toi, noble Lisbonne, qui dans le monde es facilement princesse des autres cités… »

CAMÕES, *Les Lusiades*

« Terre, terre ! Encore qu'il serait plus juste de dire Ciel, Ciel !

Car à n'en pas douter nous sommes aux abords de la fameuse Lisbonne. »

CERVANTES,
Les travaux de Persilès et Sigismonde

« Pour commencer, tu m'apparais posée sur le Tage comme une ville qui navigue. Cela ne m'étonne pas : chaque fois que je me sens sur le point d'étreindre le monde, que ce soit à la pointe d'un belvédère ou assis sur un nuage, je te vois ville-nef, vaisseau fait de rues et de jardins, et la brise elle-même a pour moi un goût de sel. »

José CARDOSO PIRES,
Lisbonne. Livre de bord

Insaisissable Lisbonne ! Ondulant sur ses sept collines, la ville ne cesse de se dérober, de s'enrouler, avec ses ruelles qui se lovent sur elles-mêmes, ses perspectives soudaines qui ne débouchent que sur le vide du ciel, ses passages dérobés qui semblent mettre en communication des univers parallèles... Ici, un seul point fixe : le Tage. Mais peut-on vraiment qualifier de « point fixe » une eau mouvante, oscillant au rythme des marées ?

En fait, Lisbonne existe-t-elle ? À la lecture des pages qui suivent, on pourrait en douter : sans cesse la cité se dilate et se contracte, apparaît brûlée par un soleil presque africain, puis soudain noyée dans un crachin nordique. Lisbonne flottante comme un mirage, qui se dérobe dès qu'on tente de l'approcher, se fractionne en une multitude de détails, microcosmes emboîtés à l'infini. Les murs tapissés d'azulejos sont autant de trompe-l'œil, et même les mosaïques des trottoirs, aux motifs de vagues, donnent l'impression de marcher sur la mer. Seuls les rails des tramways semblent ancrer la ville au sol, tisser un réseau tangible reliant ce qu'il faut bien appeler un archipel.

Il n'est donc pas étonnant que les jeux de miroirs, les glissements temporels, le dialogue avec les fantômes soient quelques-uns des principaux ressorts de la littérature portugaise contemporaine. Dans la foulée de Pessoa et de ses troublants hétéronymes, José Saramago, António Lobo Antunes, Vergilio Ferreira racontent d'étranges histoires où les morts reviennent, où les spectres d'un proche passé tragique se refusent à laisser en paix les vivants, ou plutôt les survivants, où les souvenirs enfouis, enfuis, reprennent brutalement chair. Antonio Tabucchi, pourtant italien, a choisi la langue portugaise pour écrire *Requiem, une hallucination*, récit véritablement halluciné qui s'inscrit dans le même registre que les romans des auteurs précédents. Eça de Queirós baigne dans de semblables brumes, et João Franco, qui se montre avant tout un humoriste dans

Stalinoburger (où figurent quelques étonnantes recettes de cuisine portugaise), invente avec *Le 11 janvier 1986* un conte fantastique contemporain.

Paradoxalement, c'est le grand Pessoa lui-même qui, sous son propre nom, nous propose une visite guidée de Lisbonne d'une extrême précision. Mais, dans *Le livre de l'intranquillité*, sous la plume supposée de Bernardo Soares, modeste aide-comptable dans un magasin de tissus, la ville redevient floue, fluctuant au gré des états d'âme du narrateur.

Quelques auteurs préfèrent, eux, se focaliser sur le petit peuple de Lisbonne. Qu'il s'agisse de Gil Vicente avec *La plainte de Marie la Noiraude*, des nouvelles de Miguel Torga réunies dans *Rua* ou d'Urbano Tavares Rodrigues dans *Les oiseaux de la nuit*, tous s'attachent à raconter le quotidien, quelquefois difficile, des gens de la rue, souvent pittoresques et attachants.

En revanche, le lecteur ne trouvera ici aucun auteur étranger, Tabucchi n'étant qu'une demi-exception. Si Byron ou Valery Larbaud, par exemple, ont aimé Lisbonne (mais pas les Lisboètes, dans le cas de Byron, qui parlait de « sales citoyens [...] élevés dans la fange » !), il nous a semblé plus inattendu de doubler l'exploration de Lisbonne par une découverte de la littérature portugaise, surtout la plus contemporaine, trop souvent méconnue en France. En contrepoint, certaines citations figurant dans les commentaires sont tirées de textes originaux de trois Français amoureux de Lisbonne, Pierre-Jakez Hélias (*Lisbonne au miroir du Tage*), Christian Auscher (*L'inventaire quotidien*) et Patrick Quillier (*Les vertiges d'Ulysse*), textes écrits spécialement pour le guide *Lisbonne* publié par les Éditions Autrement.

De tous ces auteurs se dégage une vision de Lisbonne – une parmi tant d'autres imaginables. Un fil d'Ariane, aussi, sans cesse rompu et interrompu, pourtant indispensable dans cette cité aux mille visages. On n'en finit jamais, en effet, d'explorer un labyrinthe et d'y trouver, toujours renouvelé, le plaisir de s'y perdre.

Jean-Noël MOURET

VOIR LISBONNE

CAMÕES

Lisbonne, porte du monde

Œuvre maîtresse de Camões (1524 ? – 1580), Les Lusiades *raconte, par la bouche de Vasco de Gama, l'intégralité de l'expédition qui permit au navigateur d'atteindre les Indes par la route du cap de Bonne-Espérance, au terme d'une longue navigation de deux années, de 1497 à 1498. Ce passage décrit le départ de l'escadre depuis l'embouchure du Tage, au pied de la chapelle de Belém.*

« Déjà, dans le port de l'illustre cité ulysséenne, où le doux Tage mêle ses eaux et son sable blanc au sel de Neptune, on apprête les nefs avec noble émoi et désir : point de crainte pour tempérer le juvénile entrain, car tous, marins et guerriers, sont décidés à me suivre partout.

« Sur les plages s'assemblent des soldats vêtus de mille couleurs et de mille façons, et non moins munis du courage qu'il faut pour découvrir de nouvelles parties du monde. Sur les puissantes nefs, les vents apaisés font ondoyer les étendards aériens ; les vaisseaux promettent, en voyant les larges mers, de devenir, comme celui d'Argos, des étoiles dans l'Olympe.

« Ainsi munis de tout ce qu'un tel voyage demande et requiert, nous munissons notre âme pour la mort, qui toujours rôde sous les yeux des marins. Du Pouvoir souverain dont le regard vénérable suffit à gouverner la Cour éthérée, nous implorons une grâce qui nous conduise et seconde nos débuts.

« Nous partîmes ainsi de la chapelle sainte qui est édifiée sur la grève de mer, et qui, en témoignage, a reçu le nom de la terre où Dieu se fit chair pour s'offrir au monde. Crois-en mes paroles, ô Roi : quand je me remémore comment je m'éloignai de ces bords, secrètement en proie au doute et à la crainte, j'ai peine à réfréner mes larmes.

« Ce jour-là, les gens de la ville étaient accourus (tels pour des amis, tels pour des parents, d'autres seulement pour voir), nostalgiques d'aspect et affligés. Et nous, avec l'escorte vénérable de mille religieux zélés, priant Dieu en procession solennelle nous marchâmes vers nos canots.

« En si long et hasardeux parcours, les gens nous tenaient pour perdus : les femmes avec des pleurs pitoyables, les hommes avec les soupirs qu'ils exhalaient. Mères, épouses, sœurs (car l'amour est craintif et s'alarme plus vite), accroissaient le désespoir et la crainte froide de ne pas nous revoir de sitôt.

Les Lusiades,
traduit du portugais par Roger Bismut,

avec le concours du Centre culturel
Calouste Gulbenkian.

« L'illustre cité ulysséenne »… selon la légende, Lisbonne aurait été fondée par Ulysse lors de ses pérégrinations (Homère lui-même semble avoir ignoré que son héros s'était aventuré sur les côtes atlantiques !). Hypothèse plus sérieuse, la ville serait une création phénicienne vers 1200 avant J.-C., à la fois comptoir et étape sur la route maritime de l'étain vers les mystérieuses îles Cassitérides (la Cornouaille et la Bretagne, en fait). Les Grecs, puis les Carthaginois s'en emparèrent, et la cité devint ensuite romaine en 205 avant J.-C. En 714, elle fut conquise par les Maures, reprise par les chrétiens en 1147, avant de devenir la capitale du Portugal en 1255.
L'arrivée à Lisbonne par la voie maritime, hélas de moins en moins accessible au voyageur depuis le règne sans partage de l'avion, met en évidence la pertinence du site : après avoir remonté le Tage par un long goulet, les bateaux débouchent soudain sur une immense et profonde rade, la « mer de Paille » aux reflets dorés, idéalement abritée des vents et des tempêtes. La ville, orientée au sud-est, tourne le dos aux sautes d'humeur de l'océan. Aucun autre port d'Europe situé sur la côte atlantique ne réunit des conditions comparables d'accès à la haute mer et de protection des navires. Lisbonne était ainsi prédestinée à devenir le point de départ des expéditions les plus audacieuses, puis l'une des plaques tournantes du commerce mondial. Beaucoup plus tard, la rade vit décoller les premiers hydravions assurant les liaisons avec Rio de Janeiro.
À l'embouchure du Tage, le quartier de Belém tire son nom de la traduction portugaise de Bethléem. La chapelle placée sous ce vocable, et à laquelle Camões fait allusion, a aujourd'hui disparu. Elle s'élevait sur l'actuel emplacement du monastère des Hiéronymites.

FERNANDO PESSOA

La tour de Belém

En rédigeant Lisbonne, *Fernando Pessoa réalisa un véritable guide touristique de la ville, comme l'exprime le titre original de cet ouvrage directement écrit en anglais :* Lisbon : What the Tourist Should See *(Lisbonne, ce que le touriste devrait voir). Dans un style volontairement dépouillé, factuel, presque sec, il décrit tous les lieux qui, à ses yeux, « font » Lisbonne, et, près de quatre-vingts ans après sa rédaction, son guide reste une excellente introduction à la visite de la ville.*

Notre automobile file à bonne vitesse par la Rua Bartolomeu Dias, tourne dans la Travessa da Saúde, franchit la voie ferrée, passe devant le fort du Bom Sucesso et nous dépose près de *la tour de Belém.* Il s'agit, sans aucun doute, d'un des plus beaux monuments de Lisbonne et aussi d'un des vestiges qui évoquent le mieux le souvenir de la puissance militaire et navale du Portugal. Cette merveille d'architecture orientale a été érigée jadis dans la Praia do Restelo, l'endroit d'où sont partis les navires qui ont fait toutes les grandes découvertes ; elle devait servir à la défense du fleuve et de la capitale portugaise. Sa construction, décrétée par le roi Manuel Ier a été menée à bien sur le fleuve, d'après un projet du grand maître de l'architecture « dentelée », Francisco de Arruda. Commencée en

1515, elle a été achevée six ans plus tard. Par la suite, le fleuve s'est asséché à cet endroit, laissant la Tour définitivement reliée à la rive. C'est là qu'est mort dom Pedro da Cunha, père de dom Rodrigo da Cunha, évêque de Porto, après y avoir été emprisonné pour s'être déclaré en faveur du prieur de Crato, prétendant au trône pendant les premières années de la domination espagnole. Un certain nombre d'autres nobles de très haute naissance y ont aussi été incarcérés.

Vue de l'extérieur, la tour de Belém fait l'effet d'un splendide joyau de pierre, et c'est avec une stupeur mêlée d'admiration croissante que le visiteur contemple sa beauté si particulière. Car cette tour est une véritable dentelle, et une dentelle de qualité supérieure ; qui plus est, c'est un délicat entrelacs de pierre dont le blanc étincelant se voit de loin et attire aussitôt les regards de tous ceux dont les embarcations remontent le Tage. Au-dedans, elle n'est pas moins belle, et de ses balcons et terrasses on peut admirer une vue du fleuve et de la mer, au loin, que l'on n'oubliera pas de sitôt.

En franchissant le pont-levis, nous nous retrouvons à la terrasse du premier étage, destiné aux canons. Quelques grilles nous donnent une idée de ce que doivent être les cachots dans lesquels semble passer si peu de lumière. Il y a cinq cellules souterraines où personne n'a pénétré depuis bien longtemps et auxquelles on accède par trente-cinq marches de pierre. Avant d'être reconverties en prisons, elles servaient de poudrière.

Au deuxième étage étaient situés jadis l'armurerie et les bureaux ; au troisième, la Salle royale (Sala Régia), dotée d'un magnifique balcon soutenu par des colonnes au merveilleux dessin. Au quatrième niveau, le réfectoire, à l'extérieur duquel on peut encore voir, dans le plancher, les trous permettant de lâcher du plomb fondu sur les attaquants en cas d'assaut contre le fort ; au cinquième étage étaient installés les appartements, et c'est là que l'on a placé, il n'y a pas bien longtemps, une pierre commémorative à la gloire de la grande liaison aérienne Lisbonne-Rio de Janeiro, réalisée en 1922 par Gago Coutinho et Sacadura Cabral. Il y a même un sixième étage, qui est une terrasse, desservie par un escalier de cent vingt-trois marches, et l'on imagine aisément quelle vue on peut avoir de cet endroit.

Lisbonne,
traduit de l'anglais par Béatrice Vierne,
© Éditions Anatolia, 1995.

Le guide connaît parfaitement son sujet, et il n'y a rien à ajouter ! Une précision cependant : c'est à la suite des bouleversements du cours du Tage, provoqués par le tremblement de terre de 1755, que la tour, à l'origine bâtie au milieu du fleuve, s'est retrouvée en bordure de plage. Belém, à l'ouest de Lisbonne, est un quartier verdoyant et résidentiel, où se mêlent de vastes jardins, dont le Jardim de Ultrámar et ses collections de plantes exotiques, des palais tels le Palacio nacional da Ajuda, ancienne résidence royale, ou le Palacio de Belém, où réside le président de la République, et quelques-uns des plus beaux musées de Lisbonne, comme le musée des Carrosses. Mais le monument le plus extraordinaire de Belém est sans conteste le monastère des Hiéronymites (Mosteiro dos Jerónimos). Sa construction, entreprise en 1502, fut décidée par le roi Manuel Ier, et financée par une taxe prélevée sur le commerce des épices.
Ce chef-d'œuvre absolu de l'art manuélin, dont l'exubé-

rance décorative fait paraître austère les flamboyances gothiques les plus échevelées, permet de se replonger dans l'atmosphère de l'âge d'or portugais, extravagant, dispendieux, audacieux, triomphant, mais aussi quelque peu écrasant. Le monastère a accueilli des moines de l'ordre de saint Jérôme (d'où son nom) depuis sa fondation jusqu'à la dissolution de l'ordre en 1833. Transformé ensuite en école et en orphelinat jusqu'en 1840, il abrite actuellement le musée national d'Archéologie.
L'ensemble fut également conçu comme un panthéon, et l'on y trouve notamment les tombeaux des rois Manuel Ier et Joao III (tous deux juchés sur des éléphants de pierre), de Vasco de Gama, de Camões et, depuis quelques années, de Fernando Pessoa.

JOSÉ SARAMAGO

L'arrivée au port

Ricardo Reis, l'un des principaux hétéronymes de Pessoa, devient dans ce roman un personnage réel, venu en pèlerinage sur les traces du poète tout juste défunt. Longtemps exilé au Brésil, il a choisi de s'installer comme médecin à Lisbonne, où il retrouve ses souvenirs de jeunesse tout en découvrant la ville comme s'il ne l'avait jamais vue auparavant.

Ici la mer s'achève et la terre commence. Il pleut sur la ville blafarde, le fleuve charrie des eaux limoneuses, les rives sont inondées. Un bateau noir remonte le courant sombre, c'est le *Highland Brigade* qui vient accoster au quai d'Alcantara. Vapeur anglais de la Malle royale, il fait la navette entre Londres et Buenos Aires et traverse l'Atlantique d'un bord à l'autre, relâchant toujours dans les mêmes ports, La Plata, Montevideo, Santos, Rio de Janeiro, Pernambuco, Las Palmas, dans cet ordre ou dans l'autre et, s'il ne coule pas pendant la traversée, il touchera encore Vigo et Boulogne-sur-Mer, avant de s'engager enfin sur la Tamise comme il s'engage maintenant sur le Tage, à chaque fleuve sa ville. Ce n'est pas un bâtiment important, quatorze mille tonnes seulement, mais il tient bien la mer, il vient encore de le prouver au cours de ce voyage. Malgré un continuel mauvais temps, seuls les apprentis voyageurs ont été malades, et quelques autres aussi, mieux aguerris, mais qui souffrent d'une incurable faiblesse d'estomac, et on s'y sent tellement bien, il est si confortable, qu'on lui a donné, comme au *Highland Monarch,* son frère jumeau, l'affectueux surnom de vapeur des familles. Tous deux sont dotés de dunettes spacieuses pour le sport et les bains de soleil, on peut par exemple, preuve qu'il n'est rien d'impossible à l'empire britannique, y jouer au cricket, jeu de terrain qui devient ainsi praticable en mer, comme l'ont souhaité ceux qui là-bas gouvernent. Quand le temps est doux, le *Highland Brigade* est un jardin d'enfants, un paradis pour les vieillards, mais pas aujourd'hui car il pleut et l'après-midi touche à sa fin. Derrière les vitres ternies par le sel, les enfants épient la ville grise au ras des collines, toute en maisons basses, c'est du moins l'impression qu'elle donne, avec de loin en loin un dôme, un fronton qui se détache, une forme qui ressemble aux ruines d'un château, mais tout cela n'est peut-être qu'illusion, chimère, un mirage créé par le rideau mouvant de la pluie qui tombe du ciel bouché. Les enfants étrangers, auxquels la nature a donné plus de curiosité qu'aux autres, veulent connaître le nom de la ville, et leurs parents les en instruisent, ou bien leurs nourrices, les nurses, leurs bonnes, leurs fraüleins, un marin qui passait par là pour se rendre à la manœuvre, Lisboa, Lisbon, Lisbonne, Lissabon, quatre formulations différentes, sans compter les intermédiaires et les imprécises, et les enfants savent maintenant ce qu'auparavant ils ignoraient et qu'ils savaient pourtant, rien, à peine un nom qui trouble leurs jeunes intelligences, prononcé de manière approximative avec l'accent propre aux Argentins, aux Uruguayens, aux Brésiliens ou aux

Espagnols, qui, lorsqu'ils écrivent Lisboa dans leur castillan ou leur portugais, expriment chacun une chose différente, qui n'a rien à voir avec ce qu'on a l'habitude d'entendre ou d'écrire. Demain très tôt, quand le *Highland Brigade* quittera le port, il faudrait qu'il y ait au moins un peu de soleil, que le ciel se découvre, que ce sombre brouillard n'obscurcisse pas définitivement, tant que la terre sera en vue, le souvenir déjà évanescent des voyageurs qui ont passé ici pour la première fois, de ces enfants qui répètent Lisbonne et en font un nom à leur usage, de ces adultes qui froncent les sourcils et frissonnent dans l'humidité qui suinte du bois et du fer comme si le *Highland Brigade* surgi du fond de la mer était venu s'égoutter en surface, navire deux fois fantôme. Ni par volonté ni par goût, nul ne doit avoir envie de rester dans ce port.

Peu de gens vont descendre. Le vapeur a accosté, on a déjà placé l'échelle de coupée, en bas sur le quai, les porteurs et les dockers font lentement leur apparition, les gardes fiscaux quittent leurs guérites et les hangars où ils avaient trouvé refuge, les douaniers se hâtent. La pluie s'est calmée, à peine quelques gouttes. Les voyageurs se groupent en haut de la passerelle, hésitants, comme s'ils doutaient qu'on les ait autorisés à débarquer, il y a peut-être quarantaine ou bien ils craignent les marches glissantes, mais non, c'est la ville silencieuse qui les effraie, on dirait que tout le monde est mort et que la pluie s'obstine à tomber pour finir de noyer ce qui tenait encore debout. Au long du quai, à travers les hublots ternis, les faibles lueurs des bateaux amarrés, les branches coupées, noires, des mâts de charge, les grues silencieuses. C'est dimanche. Au-delà des hangars, la ville commence, morne, recluse, derrière ses façades et ses murs, un moment encore protégée de la pluie, et lorsque par hasard un rideau triste, brodé, bouge, elle regarde au-dehors avec des yeux vides, et écoute gargouiller l'eau des toits qui descend le long des gouttières jusqu'au basalte des caniveaux, sur le calcaire luisant des trottoirs, dans les rigoles trop pleines où l'eau a monté.

L'année de la mort de Ricardo Reis,
traduit du portugais par Claude Fages,
© Éditions du Seuil, 1988.

Il pleut beaucoup sur la Lisbonne des écrivains, beaucoup plus que dans la réalité... Heureusement, en dehors de la période humide et fraîche qui dure de novembre à février, la ville est l'une des plus ensoleillées d'Europe. Le voyageur a donc toutes les chances de la découvrir sous un aspect plus riant et d'embrasser d'un coup d'œil le pittoresque de son site : « On a la ville devant soi, enserrée par des collines qu'on ne peut deviner sous elle tant elle recouvre étroitement leurs flancs. Elle dévale en masses d'habitations tuilées de rose pulvérulent vers le fleuve qu'elle semble fixer de toutes ses ouvertures comme si elle était hypnotisée par lui. Et le fleuve a bien l'air de l'aspirer goulûment, surtout quand le courant est fort » (Pierre-Jakez Hélias).
La gare maritime d'Alcántara, où accoste le *Highland Brigade,* est située à mi-distance du centre-ville (quartier de la Baixa) et de Belém. De là, les installations portuaires, bassins, quais, docks et entrepôts, s'étendent vers l'est sur deux kilomètres, jusqu'à la gare maritime de Roca de Conde de Óbidos, construite en 1943, et qui accueille aujourd'hui les bateaux de plaisance. Loin d'être resté la

zone lugubre décrite par José Saramago (« Le voyageur regarde les nuages bas, les flaques d'eau sur le pavé inégal, les eaux du bassin polluées par les huiles, les épluchures, les détritus de toutes sortes [...] »), tout ce secteur est devenu, depuis quelques années, l'un des hauts lieux de la vie nocturne lisboète, et nombres d'entrepôts ont été transformés en boîtes et restaurants branchés, la gare d'Alcántara elle-même accueillant le *Salsa Latina*, à ce jour le plus populaire des dancings caribéens de la capitale.

MIGUEL TORGA

Les grands hommes de Lisbonne

À la fois livre d'histoire, livre d'histoires et guide imaginaire d'un pays réel, Portugal, *écrit vers 1950, est aussi un monument de culture et d'érudition. Dans ce passage, Miguel Torga retrace la chronologie et la psychologie de Lisbonne, dont les grandes étapes lui apparaissent comparables aux stations successives d'un chemin de croix – culminant vers quelle résurrection ?*

Lisbonne, point de rencontres de l'Histoire, n'a pas l'immuabilité psychologique de Porto ou de Coimbra, égales à elles-mêmes depuis le commencement de la Nation, et peut-être faut-il la voir un manuel en main, envisager sa signification profonde en fonction du temps. Et distinguer alors la cité médiévale d'Alvaro Pais et de Fernão Lopes prenant la tête d'une révolution sociale ; celle de la Renaissance, l'aventurière cité de Vasco da Gama et de Camões découvrant de nouveaux mondes et les chantant ; la ville sensuelle et régressive de Dom João V, abusivement gaspilleuse et corruptrice ; celle, livide et planifiée, du marquis de Pombal mettant le pays entier dans les brancards ; la ville romantique et libérale de Garrett et d'Herculano, réformatrice de l'âme et du corps – et celle d'aujourd'hui... La suivre dans ses vicissitudes au cours des ans, depuis que le

Maure dut s'en retirer sous le coup des échelles et des flèches, jusqu'à notre époque où l'on prend des châteaux en tombant du ciel. La voir heureuse sous un règne, pestiférée sous le suivant, morte et vivante le jour de la Restauration. Ce ne serait pas suffisant, bien sûr. Encore faudrait-il savoir dans quelle mesure la patrie accepta ces masques divers d'une même réalité. Avec lequel d'entre eux elle se sentit en meilleure harmonie, si elle fut consultée avant chaque événement heureux ou malheureux qui les a motivés, et si elle y applaudit. Le peuple qui assaillit Lisbonne en compagnie de notre premier roi ne doit pas l'avoir regardée avec les mêmes yeux que les sujets d'un autre monarque – Dom Sebastião, fou et mégalomane – qui embarquèrent ici pour la boucherie d'Alcazar-Quivir. De même, ceux qui brûlèrent sur les bûchers du Saint-Office n'emportèrent pas d'elle, assurément, un souvenir semblable à celui de leurs frères qui partaient pour les Indes et en revenaient couverts de gloire.

Oui, il faudrait voir le film déroulé, chaque station de son chemin de croix isolée comme dans les chapelles d'un calvaire, et reliée ensuite au drame total de sa Passion. Mais la chose étant impossible, il ne reste que l'image globale d'une séduisante déception, faite du culte voué à la beauté et d'un attachement obstiné à nos racines. Au fond, il y a un tragique manque de syntonisation entre la conscience du pays et la capitale, qui le fut de droit à l'heure des Découvertes et, depuis que le rêve est mort, ne l'est plus que de fait.

Portugal,
traduit du portugais par Claire Cayron,

En tête de l'ouvrage figure un avertissement de la traductrice, Claire Cayron, qui précise notamment que « *Portugal* est un palimpseste, écrit sur une connaissance effacée des données culturelles, sociologiques, historiques et anecdotiques du pays. » Connaissance effacée, oui certes, car si les personnages de Vasco de Gama et de Camões sont assez bien connus en France, nous n'avons pas trouvé trace d'Alvaro Pais ni de Fernão Lopes. D'autres, plus célèbres, sont tout de même suffisamment méconnus dans notre pays pour qu'il soit nécessaire d'en tracer ici un rapide portrait, avec, par ordre d'apparition :

– dom João V, dit « Le Magnanime » (1689-1750) : il régna de 1706 à 1750. Son règne fut d'une magnificence inouïe, alimentée par les richesses du Brésil. Il fut battu par les Français au cours de la guerre de Succession d'Espagne.

– le marquis de Pombal (1689-1782) : Premier ministre du roi Joseph Ier, il gouverna en despote éclairé. Il est surtout resté dans l'histoire comme inspirateur de la reconstruction de Lisbonne après le tremblement de terre de 1755.

– Garrett (1799-1854) : de son vrai nom João Baptista da Silva Leitão de Almeida, ce romancier et auteur dramatique fut l'initiateur du romantisme au Portugal. Défenseur des idées libérales, il fut emprisonné et exilé.

– Alexandre Herculano (1810-1877) : poète et historien né à Lisbonne, il défendit, comme Garrett, le romantisme et les idées libérales. Il est considéré comme l'intellectuel le plus prestigieux de sa génération.

– Dom Sebastião Ier (1554-1578) : « fou et mégalomane », il devint roi à l'âge de trois ans, en 1557. Rêvant d'une « Reconquête » à l'envers, il se lança dans la constitution chimérique d'un grand royaume maghrébin. Il trouva la mort au Maroc en août 1578 lors de la désastreuse bataille d'Alcazar-Quivir (El-Ksar-el-Kébir), qui marqua la fin de la suprématie portugaise dans le monde. Quant à l'Inquisition, elle fut instituée au Portugal en 1536, mais les juifs avaient été chassés du pays dès 1497.

ANTÓNIO LOBO ANTUNES

Le temps de la médiocrité

Paula raconte comment, dans sa jeunesse, elle a découvert que son père était l'un des ministres les plus puissants et les plus redoutés du gouvernement Salazar, et comment elle a décidé de rompre avec lui et tout ce qu'il incarnait. Ce qui nous vaut une description brève et implacable de l'ambiance morne d'un Portugal alors sous la coupe d'une dictature à la fois redoutée et routinière.

[...] J'ai pris l'autobus pour le Terreiro do Paço droit au ministère, et me voilà en face du Tage sous les arcades de pierre bondées de mendiants et de joueurs d'accordéon avec leur gobelet de papier en équilibre sur les genoux, et moi au garçon de bureau qui me barrait l'entrée

– Je viens parler à mon père

dont je ne me rappelais qu'un chapeau sur la tête, un cigarillo et des bretelles élastiques, qui remerciait pour des hymnes, des fleurs, des discours, le pin-pon des pompiers, les vivats, en soupirant

– Quelle barbe

et qui noyait sa lassitude dans le mousseux, le garçon de bureau à un deuxième garçon de bureau mais avec plus d'étoiles argentées sur le col, pointant un ongle long et hésitant

– Elle dit que c'est la fille de monsieur le ministre elle dit qu'elle veut parler à son père

et dehors la ville aux veines ouvertes charriant des généraux de bronze, des pigeons et des laiteries vers le Tage, des pavillons avec des moteurs à gasoil de rive en rive dans une lenteur de frégates, le garçon de bureau qui portait le plus d'étoiles argentées penché sur un garçon de bureau avec une seule étoile dorée, tout deux me lorgnant de biais, se regardant entre eux, puis celui à l'étoile dorée à contrecœur

– Papiers

des personnes entrant et sortant avec des rectangles en carton à la boutonnière et tout n'était que laideur, décomposition et ruine comme chez le procureur d'Alcácer, les peintures couvertes de taches, le crépi effrité, une table de fer rouillé se désagrégeant dans un coin, et moi au milieu de la débâcle des murs, de la débâcle des meubles, distraite j'ai pensé

– C'est de ça que César a peur c'est de ça que la petite-fille a peur c'est de ça que la poissonnière, l'épicière et le boucher ont peur

et je me suis demandé comment on pouvait diriger un pays qui croupissait sous les déchets, avec des mendiants en train de jouer de l'accordéon sous les arcades du pouvoir, moi aux garçons de bureau aussi décrépits que les arcades qui ne me semblaient pas être en pierre mais en carton-pâte tombant en miettes

– Je veux juste que vous disiez à mon père qu'il me fiche la paix

Le manuel des Inquisiteurs,
traduit du portugais par Carlos Batista,

De 1932 à 1968, le Portugal a vécu sous le régime immobile de Salazar, dans un isolement croissant, presque oublié à l'extrême ouest de l'Europe. Malgré la « Révolution des Œillets », en 1974, il fallut attendre l'adhésion du pays à la CEE, le 1er janvier 1986, pour que Lisbonne perde progressivement son statut peu glorieux de capitale la plus délabrée d'Europe. Rues défoncées, jonchées d'ordures, égouts insalubres, bâtiments au bord de la ruine… si le pittoresque y trouvait son compte, la vie quotidienne de nombreux Lisboètes n'avait guère changée depuis le Moyen Âge.

Depuis, la ville a retrouvé un visage plus digne et plus souriant – tout au moins en ce qui concerne le centre-ville, car certaines banlieues excentrées voient encore fleurir de sinistres bidonvilles. Certains projets de réhabilitation sont passés au stade de la concrétisation, comme ceux de la rénovation de l'Alfama ou de la friche industrielle et portuaire du nord-ouest. Ce vaste espace de 340 hectares a déjà, après dépollution des sols, accueilli l'exposition universelle de 1998 (Expo 98) et son aménagement se poursuit par la réalisation d'un vaste ensemble dédié aux loisirs, le Parque das Nações, entouré d'immeubles résidentiels, de bureaux, de commerces, d'un port de plaisance et de plusieurs jardins, l'achèvement de l'ensemble, baptisé Expo Urbe, étant prévu pour 2009.

Cette modernisation accélérée se fait inévitablement au prix d'une certaine standardisation des modes de consommation, et la ville souffre maintenant de ces deux maux, équitablement répandus dans toute l'Europe, que sont le développement anarchique de la circulation automobile et la promotion immobilière.

FERNANDO PESSOA

L'ascenseur de Santa Justa

Pour Pessoa, Lisbonne est un tout : pas question de hiérarchie entre les « grands monuments » comme la tour de Belém, et les infrastructures « modernes », comme les tramways ou les funiculaires. Tous participent de l'atmosphère unique de la ville, et Pessoa se montre ici un pionnier en prenant en considération, l'un des tous premiers, le patrimoine industriel et mécanique de l'« âge de fer ».

Tout près de la place du Commerce, sur la gauche en remontant la rue de l'Or, se trouve *l'ascenseur de Santa Justa,* ainsi nommé parce que la rue transversale dans laquelle il a été construit s'appelle la Rua de Santa Justa. C'est l'une des « curiosités » de Lisbonne, et il suscite immanquablement l'admiration des touristes du monde entier. Il a été créé par un ingénieur français, Raoul Mesnier, à qui l'on doit d'autres projets fort intéressants. Cet ascenseur est entièrement bâti en fer, mais il est tout à fait caractéristique, léger et sûr. Il y a deux cabines qui marchent à l'électricité. Il dessert le Largo do Carmo, où se dressent les ruines de l'église du Carmo, désormais transformée en musée archéologique. Il faut une autorisation pour monter tout en haut, au-dessus du niveau où l'ascenseur lui-même s'arrête ; on découvre de là un superbe panorama de la ville entière et du fleuve. Cet ascenseur appartient à la Compagnie des tramways électriques.

Lisbonne,
traduit de l'anglais
par Béatrice Vierne,

Quatre *elevadores*, de Gloria, de Bica, de Lavra et de Santa Justa, desservent les collines de Lisbonne. Les trois premiers sont en fait des funiculaires, dont les câbles tracteurs courent sous le pavé de la rue, à la manière des *cable-cars* de San Francisco. Se glissant entre les maisons au long de rues piétonnes, ils franchissent des pentes impressionnantes.
Le quatrième, l'*elevador* de Santa Justa, est lui un véritable ascenseur. Épris d'exactitude, Fernando Pessoa évite d'attribuer, comme on l'a fait souvent, sa construction à Gustave Eiffel (mais quel pont ou autre construction métallique spectaculaire de la fin du XIXe siècle n'a pas été, un jour ou l'autre, attribué à Eiffel ?). Inauguré en 1902, l'ascenseur fut réalisé sur les plans d'un ingénieur portugais d'origine française, Raul Mesnier du Ponsard, cela dit très inspiré par les techniques développées par Eiffel. Ce « monument du gothique métallurgique » (Christian Auscher) permet de franchir un dénivelé d'une trentaine de mètres entre la Baixa et le Chiado. Au sommet, la mince passerelle qui relie la tour de l'ascenseur à la Rua do Carmo parut si frêle aux Lisboètes que le maire de Lisbonne dut, dit-on, la franchir à cheval au galop pour rassurer ses concitoyens.
À l'arrivée, on se retrouve au pied des vestiges de l'église gothique du Carmo (XVe siècle), qui fut en son temps la plus vaste de la ville. Elle s'effondra lors du grand tremblement de terre et n'a jamais été relevée. Les ruines de

l'immense nef, dont les arcatures se dressent inutilement vers le ciel, évoquent irrésistiblement les gravures romantiques et certains « paysages de ruines » de Hubert Robert.

URBANO TAVARES RODRIGUES

La place Camões

Au petit matin, Orquidea, prostituée lisboète des années 1950, quitte le domicile de l'un de ses clients habituels pour retrouver le décor familier de la place Camões, à la charnière du quartier commerçant du Chiado et du plus populaire Bairro Alto. Une place à l'image de la grandeur enfuie du Portugal : petits métiers sans gloire, mais bien vivants, aux pieds d'un héros fossilisé qui sert désormais de perchoir à pigeons...

Le matin se levait sur la place Camões, enluminure magique de quelque livre d'heures, ou plutôt d'un livre plein de formes et de secrets : celui de cette Lisbonne que nul ne savait voir, sauf elle, et encore bien rarement, le plus souvent au crépuscule ou au clair de lune, ou à une heure quelconque du jour, au hasard d'un éclairage particulier, sous une lumière la frappant de façon mystérieuse ; une Lisbonne de songe – baroque, héraldique, presque aérienne, emplie de signes cabalistiques, de façades couvertes d'azulejos ou d'un crépi rose, d'arbres aussi vivants que des êtres humains, et hantée de pégases nichés dans l'ombre, de sirènes invisibles dans les eaux des fontaines, présages flottant dans l'air, presque douloureux, mais d'une telle douceur...

Et pourtant, en cet instant si bref, mais extatique, elle

retrouvait, autour du cortège pétrifié aux pieds de Camões, la petite place habituelle et ses bruits familiers, quotidiens : le grincement des trams, jetant des étincelles au long des fils électriques, la pharmacie, les étals des marchands de fruits, la papeterie du poète aux manières raffinées, les cireurs de chaussures et leurs boîtes ambulantes, le bureau de poste, le marchand de couleurs, et les rues étroites qui, du côté sud, dévalaient vers la fraîche aquarelle du fleuve...

Et les pigeons qui voletaient autour du monument, picorant des grains de blé : l'un d'eux s'était posé sur la main grande ouverte, tendue hiératiquement en travers de la poitrine, de l'un des modestes héros figurant sur le piédestal. Qui était-ce donc ? Et puis, quelle importance...

Comme elle aurait aimé vivre ainsi, tout en pierre comme cette statue, un pigeon posé sur sa main, et sans jamais connaître d'orages, exposée seulement au soleil, à la pluie fine ou aux brouillards satinés... Tout en pierre, sans rhumatismes, livrée seulement à son dialogue avec le soleil, avec ce soleil, éternellement.

Les oiseaux de la nuit,
traduit du portugais par Françoise Laye,

Vieux quartier résidentiel qui a échappé aux ravages du tremblement de terre, le Bairro Alto, qui fut longtemps le fief de la presse portugaise, est devenu depuis quelques années l'un des centres de la vie nocturne de la capitale. Relancé dans les années 1980 par un antiquaire, Manuel Reis, l'endroit est redevenu un « village » qu'affectionnent les stylistes, les intellectuels et les artistes. On y trouve, pêle-mêle, des galeries d'art, des bars-librairies, des bars-boutiques de mode, des cafés Internet... Si le quartier ne compte guère de monuments importants, à l'exception de l'église de São Roque, à la façade banale mais au décor intérieur extravagant, il propose mieux : une authentique ambiance populaire et chaleureuse. On la découvre tout particulièrement dans le petit périmètre de Santa Catarina, traversé par l'*elevador* da Bica. Ce labyrinthe de ruelles étroites et pentues et d'escaliers recèle des dizaines de bars et de restaurants, où se côtoient tous les genres de clientèles et où résonnent tous les styles de musiques.

Plus sage, le Chiado fut longtemps le quartier des grands magasins, jusqu'à l'incendie dévastateur du 25 août 1988. La reconstruction fut confiée à l'architecte portugais Álvaro Siza Vieira, qui opta pour un projet résolument contemporain tout en respectant les volumes classiques, et intégrant de nombreuses galeries commerciales. Si le résultat est, visuellement, plutôt convaincant, le Chiado, entre-temps durement concurrencé par deux gigantesques *shopping-centers* ouverts en périphérie, semble avoir un peu de mal à renaître de ses cendres. Cependant, les petites échoppes d'orfèvrerie, les boutiques d'artisanat, les galeries d'art et les libraires sont toujours présentes, ainsi que nombre de charmantes épiceries à l'ancienne, comme la Casa Pereira, rua Garrell, à deux pas de la place Camões.

FERNANDO PESSOA

Le musée colonial

De nouveau sous la conduite de Pessoa, nous pénétrons dans cet étrange capharnaüm qu'était le musée de la Société géographique. Conçu selon un principe d'accumulation qui semblerait totalement dépassé et insupportable aux yeux des muséographes d'aujourd'hui, il n'en était pas moins un lieu idéal pour se laisser aller à la rêverie, en tout cas bien fait pour séduire ce grand voyageur immobile que fut Pessoa.

En quittant l'église, suivons la Rua Eugénio dos Santos et nous verrons, face à la Rua do Jardim do Regedor, le Monumental Clube, et, un peu plus loin, toujours sur notre droite, le somptueux bâtiment dans lequel la Sociedade de Geographia (Société géographique) est installée depuis 1897. Fondée en 1875 par Luciano Cordeiro, elle a joué un rôle extrêmement patriotique, organisant des conférences, des congrès, des expositions, des commémorations nationales, des expéditions scientifiques, et autres. Nous y trouverons un intéressant musée colonial et ethnographique où l'on peut voir des vestiges navals, des maquettes de galions et de navires portugais et africains, des bustes et d'autres sculptures, des armures, des flèches et autres armes indigènes, les drapeaux et bannières de diverses expéditions militaires, des peintures à l'huile dues à de célèbres artistes, des manuscrits, des gravures, des meubles indiens, tout un mobilier historique, des peaux d'animaux sauvages, des spécimens de fibres textiles et d'autres articles analogues, des produits de l'Angola, du Mozambique, de Macao, de Timor, etc., notamment du café, du caoutchouc, des bois exotiques et autres, des idoles indigènes, des dents d'animaux, des crânes, des oiseaux, des costumes typiques de toutes les provinces portugaises, des globes terrestres, des sarcophages et mille autres curiosités qui remplissent le vestibule, les escaliers des trois étages, trois énormes salles et quatre plus petites, et deux étages de galeries qui font tout le tour de la salle du Portugal, la plus grande du musée, dont la superficie est de sept cent quatre-vingt-dix mètres carrés. L'endroit est ouvert au public le dimanche de onze heures à seize heures, mais on peut obtenir une autorisation spéciale pour le visiter en semaine.

Lisbonne,
traduit de l'anglais par Béatrice Vierne,

Histoire de se repérer – et à Lisbonne ce n'est pas toujours chose facile ! –, l'église à laquelle Pessoa fait allusion est celle de São Domingos (Saint-Dominique), toute proche du Rossio. La Société géographique a-t-elle toujours son siège dans ce quartier, et son musée colonial existe-t-il toujours ? Mystère, mais il se pourrait bien que ses collections soient allées rejoindre celles de l'actuel musée national d'Ethnologie, installé à Belém – à moins que ce ne soit le musée tout entier qui ait déménagé. Pourtant réputé pour ses expositions temporaires, l'endroit

n'est guère fréquenté, peut-être éclipsé par d'autres musées du quartier plus en phase avec les goûts du public, comme le musée de la Marine et surtout le musée du Design, installé en 1999 dans ce nouveau temple de l'art contemporain qu'est le Centre culturel de Belém.
Mais le plus beau fleuron culturel de Lisbonne est indiscutablement le musée Calouste Gulbenkian, consacré aux arts européen et oriental. Plus de six mille pièces, certaines de tout premier ordre (notamment une exceptionnelle collection de bijoux de René Lalique) en font l'un des musées les plus importants (et pourtant les plus méconnus) d'Europe. Il faut dire que son richissime fondateur avait eu, vers 1930, l'idée géniale de racheter les œuvres du musée de l'Ermitage, à Saint-Pétersbourg, alors vendues au plus offrant par des dirigeants soviétiques à court d'argent. Ce fut le début d'une collection réellement éblouissante, dont la visite demande au minimum une journée entière et justifie à elle seule un voyage à Lisbonne.

JOSÉ SARAMAGO

La tombe de Pessoa

Dans un étourdissant jeu de miroirs, Ricardo Reis, personnage imaginé par Pessoa, se rend sur la tombe de ce dernier pour rendre hommage à celui qui l'a créé. Dans l'immense cimetière, curieusement dénommé « dos Prazeres » (« des Plaisirs »), à quelques centaines de mètres de la maison où le poète vécut ses dernières années, le visiteur imaginaire, au bord des larmes, se recueille sous une pluie battante tout à fait de circonstance.

Les titres de concession, caveau de D. Dionisia de Seabra Pessoa, sont inscrits au fronton, sous les bords saillants de la guérite où, inspiration romantique, dort une sentinelle. En bas, à hauteur de la charnière inférieure de la porte, un nom, rien de plus, Fernando Pessoa, avec les dates de naissance et de mort, et le galbe doré d'une urne qui dit, Je suis ici, et à voix haute, Ricardo Reis, ignorant qu'on l'a entendu, répète, Il est ici. À cet instant précis, la pluie recommence à tomber. Il est venu de très loin, de Rio de Janeiro, il a navigué des nuits et des jours sur les vagues de l'océan, voyage qui lui semble aujourd'hui à la fois très lointain et très proche, que doit-il faire maintenant, seul dans cette allée, parmi ces funèbres demeures, le parapluie ouvert, à l'heure du déjeuner, au loin, le bref écho de la clochette, il espérait, en arrivant ici, en touchant ces ferrures, ressentir au fond de l'âme un trouble, une dilacération, un tremblement intérieur, comme dans ces grandes villes qui s'écroulent en silence parce que nous n'y sommes pas, où portails et tours blanches s'abattent, c'est alors seulement qu'une légère brûlure à peine venue aux yeux disparaît, il n'a même pas eu le temps d'y songer et de s'émouvoir à cette pensée. Il n'a plus rien à faire ici, ce qu'il a fait n'est rien, dans le caveau gît une vieille folle qu'on ne peut laisser seule, et qui veille sur le corps pourri d'un faiseur de vers qui a laissé au monde sa part de folie, la grande différence entre les poètes et les fous est dans la destinée de leur folie. Il s'est fait peur en songeant à l'aïeule, Dionisia, qui est là, et à son pauvre petit-fils Fernando, elle, les yeux écarquillés, veillant, lui, détournant le regard à la recherche d'une fissure, d'un souffle de vent, d'une minuscule lumière, et son malaise s'est transformé en nausée comme si une grande vague marine l'emportait, suffoquant, lui qui durant quatorze jours de traversée n'a pas été malade. Il a alors pensé, c'est parce que j'ai l'estomac vide, c'était ça l'explication, il n'avait rien mangé de la matinée. Une grosse averse se mit à tomber, elle tombait à pic. Si on l'interrogeait maintenant, Ricardo Reis aurait une bonne excuse. Non, non, je ne me suis pas attardé, il pleuvait tellement. Remontant lentement l'allée, il sent la nausée se dissiper, seuls subsistent une vague migraine, un vide dans la tête, comme un manque, un morceau de cerveau en moins, la part qui me revient. À la porte du bureau d'enregistrement, se tenait celui qui l'avait renseigné, lèvres luisantes, il venait de finir de déjeuner, c'était évident, où, ici même. Une serviette étalée sur son bureau, un plat apporté de chez lui, encore tiède d'avoir été enveloppé dans des journaux, réchauffé peut-être sur un brûleur à gaz, là-bas au fond de la salle des archives, la mastication par trois fois interrompue pour inscrire des entrées. Finalement, j'ai dû rester plus de temps que je ne pensais. Alors, vous avez trouvé le caveau que vous cherchiez. Je l'ai trouvé, répond Ricardo Reis, et franchissant le portail, il répète, je l'ai trouvé, il était là.

L'année de la mort de Ricardo Reis,
traduit du portugais par Claude Fages,

Inutile d'arpenter les soixante-treize allées de l'immense cimetière dos Prazeres à la recherche de la tombe de Fernando Pessoa : il repose désormais dans le cloître du monastère des Hiéronymites, à Belém. Mais les célébrités sont nombreuses dans ce cimetière ouvert en 1835 en bordure des quartiers résidentiels de l'ouest de la capitale : peintres, musiciens, politiciens, savants, écrivains et autres célébrités y reposent nombreux, l'un des derniers en date à ce jour étant le romancier José Cardoso Pires. Peu évoqué par les guides touristiques, le cimetière dos Prazeres, vaste musée en plein air d'art funéraire, mérite pourtant une visite. Véritable nécropole au sens strict, c'est-à-dire « ville des morts », il est en effet conçu comme une cité idéale tracée, tout au moins pour sa partie la plus ancienne, selon un plan pentagonal. Le pentagone symbolise en effet le microcosme et la suppression de l'inégalité. En fait, cette ville est l'exact décalque de la Lisbonne des vivants : rien n'y manque, ni les bancs à l'ombre des arbres, ni les trottoirs soigneusement pavés de mosaïques aux amples motifs noir et blanc, ni l'affirmation spectaculaire des inégalités qui se manifeste dans la diversité des tombeaux, du plus simple au plus ostentatoire. Ici, les milliers de mausolées (on en recensait 7 566 en 1878) sont quelquefois, plus que des chapelles, de véritables demeures, où ne manquent pas même les rideaux de dentelles aux fenêtres… Oui, c'est bien en se promenant dans les cimetières, en découvrant les rituels que les vivants élaborent pour leurs morts, que l'on perçoit le mieux l'âme profonde d'un pays et d'un peuple.

VERGÍLIO FERREIRA

La place du Rossio

Dans la Lisbonne des années 1990, en proie à un développement rapide après des décennies de stagnation, la circulation a pris des proportions démentielles et le « dieu bagnole » a tout envahi. Et pourtant, la ville reste humaine, terriblement et joyeusement humaine, encore rattachée à son passé paisible, presque provincial, par le fil d'argent des rails des tramways.

J'ai pris un taxi et j'ai dit Rossio. Je voulais remonter le Chiado, musarder peut-être dans les librairies. Peut-être rencontrerais-je dans l'une d'elles Romualdo un type du journal qui aime feuilleter la culture et pourrais-je lui remettre directement mes dessins. Tellement marre de cette gribouillade. Et des librairies. Voyons si je parle des librairies. J'ai comme ça deux vies comme Luz. Non, Luz en a trois. Mais il y en a une qui est pareille. C'est celle de la sueur esclave de la loi de Dieu, le terroriste de la Bible, où le soleil ne brille jamais et où c'est toujours l'homme qui supporte tout. Finalement j'aurais mieux fait d'aller à pied, le taxi est constamment arrêté par la circulation aberrante. Des voitures des voitures. Sur les trottoirs sur les places dans les impasses. Un jour la ville, je la vois d'ici paralytique. Sans espace pour qu'une voiture y tienne sur ses quatre roues. Et des voitures abandonnées qui pourrissent. Dans ma rue il y en a une qui rend service à des locataires occasionnels. Il y en a un qui habite une épave depuis déjà longtemps, je le vois quand je vais acheter mon journal le matin. Il a toutes ses affaires dehors, son fourneau son lit son linge étendu sur un fil. Mais il doit dormir dedans, les vitres ont des rideaux. Sur un bout de terrain il cultive ses choux du persil en plates-bandes séparées. Un foyer. Parfois il lave son linge. Il a dû être paysan avec des souvenirs encore horticoles. Il a une vocation sédentaire être là où il est. C'est une voiture capitaliste qui en est réduite à servir la classe défavorisée, elle a encore la marque de son exploitation gravée dans la rouille. Et maintenant voilà un tramway qui nous coupe la route avec son cahot arthritique de vieillard avec une canne. Mais il fait tinter sa clochette pour avertir de sa vitesse. Il est jaune, de la couleur des laits de poule que son invalidité exige. Le chauffeur de taxi vocifère en proie à une haine progressiste – comment peut-on encore tolérer une chose pareille de nos jours. Il est jaune, couleur de la mort – salut, tramway, grand-père. Il coupe la rue en diagonale, tout crissant sur ses rails, aux commandes il y a un ancêtre en uniforme avec une casquette, salut, ancêtre, on a réussi enfin à couper la caravane qui descend. Je suis descendu au Rossio, j'étais pressé comme tout et peut-être que Romualdo feuilletait de quoi s'instruire dans une librairie. Le taxi avait divagué entre les déviations mises en place avec constance par la municipalité pour améliorer la circulation qui ne pouvait s'améliorer qu'avec un nouveau tremblement de terre. Et au Rossio, des torrents de gens suivant des pulsions indéchiffrables comme celles des oiseaux.

Ton visage,
traduit du portugais par Marie-Hélène Piwnik,

Indiscutablement, les *electricos* sont vétustes, cahotants et ferraillants, mais sans ses tramways, Lisbonne perdrait son âme. Le réseau a été établi à partir de 1902, et c'est à se demander si certains trams, aux intérieurs de bois verni, ne remonteraient pas à ses origines...
Des cinq lignes qui sillonnent la ville, la plus spectaculaire est incontestablement la n° 28, qui relie le couvent da Graça au cimetière dos Prazeres en escaladant au passage les pentes de l'Alfama. Le tram se faufile dans les petites rues à peine plus larges que lui, et l'on se demande vraiment s'il va passer, mais il passe toujours. Enfin, presque : il n'est pas rare que les passagers doivent descendre et donner un coup de main au conducteur pour déplacer une voiture mal garée qui encombre le passage. À l'inverse, la longue ligne n° 15 Baixa-Belém est équipée de rames articulées ultramodernes avec air conditionné, qui préfigurent les trams lisboètes de demain, dont le réseau devrait considérablement s'étendre. Mais les vieux *electricos* ont encore de beaux jours devant eux, et les plus anciens, soigneusement entretenus, assurent depuis quelques années le circuit touristique du « Tramway des collines », dans les vieux quartiers de la ville. Et les trams de Lisbonne ne sont pas seulement pittoresques : ils sont aussi très pratiques.

GOÛTER LISBONNE

GIL VICENTE

La grande soif

Si le début du XVIe *siècle est considéré comme l'« âge d'or » du Portugal, il semble avoir été moins souriant aux miséreux. En 1522, une famine sans précédent s'abat sur le pays. La même année, Gil Vicente (1470-1536) écrit* La plainte de Maria la Noiraude, *épopée burlesque et grivoise d'une ivrognesse sans le sou qui va, au sens strict, mourir de soif, et qui témoigne, au-delà de la dérision, de la profonde misère du peuple.*

Quand vit-on dans tout l'Alfama
quatre foutues branches de rien,
et tous les robinets cassés ?
Par les deux bouts de mes tétons !
Dans le quartier du Saint-Esprit
était le but où je volais :
un vin clairet, un vin rosé.
Oh mon amour, mon doux paillet,
si je pouvais au moins crier !

Ah ! malheureuse rue des Fours,
qu'est donc devenue ta verdure ?
Te voilà chemin du Calvaire
pour la Passion des robinets.
Quand je te parcours, oh ma rue,

chacun des pets que vais lâchant
est un soupir de nostalgie.
C'est pour cette ventosité
que je fus faite à ma naissance.

Au Poço do Chão suis allée,
puis à la Praça dos Canos.
Lamentez-vous, frères et sœurs,
le vin s'y vend seize réaux !
Et nous, vieilles infortunées
qui jadis avions pour coutume
d'y boire à trois nos sept chopines,
nous n'avons plus à y cuver
que sept épouvantables rages !

Oh rue de la Mouraria,
qui t'a dit d'apaiser ta soif
selon la loi de Mahomet,
avec de la méchante eau fraîche ?
Or dites-moi, buveurs mes frères,
à quoi nous sert d'être chrétiens
si le bon Dieu nous prend le vin ?
Méchante année, année radine,
veux-tu donc nous rendre païens ?

J'ai les deux bras tout fatigués
de me lacérer la mâchoire,
et les oreilles racornies
de m'entendre si fort crier.
Allons prier les tavernières,
taverniers, débiteurs de vin,
de me donner une chopine

garantie sur ma bonne mine
et payable après la moisson.

Elle demande à la Biscaïenne de lui donner à boire à crédit :

Ho ! Madame la Biscaïenne,
faites-moi crédit d'un flacon,
ou me donnez une chandelle,
puisque je m'en vais rendre l'âme.
Venez soulager mes souffrances !
J'ai la matrice qui descend,
la gargamelle qui se bouche.
Mais tant que je peux avaler,
venez, très chère, à mon secours !

LA BISCAIENNE :

Chez moi, pas de vin à crédit !
Portez-vous bien, ma bonne amie !
Voulez-vous que je vous le dise ?
Je vous vois dans de mauvais draps.
Ce n'est pas un temps, comme on dit,
à se coucher le cul au vent.
Faites-vous saigner, la Noiraude !
Maintenant c'est temps d'abstinence ;
la raie se mange dans l'Avent.

La plainte de Maria la Noiraude,
traduit du portugais par Paul Teyssier,

Malheureuse Maria ! Les taverniers ont le cœur aussi sec que son gosier, et elle n'aura, avant de rendre l'âme, que le temps de rédiger son testament, qui se termine par ces mots désespérés : « Plaignez-moi tous en ce péril ! / Je n'ai pas avec moi le vin / que je réclamais aux étoiles. / Les étoiles ? Je vais m'y rendre, / mais j'aurai toujours aussi soif ! »
Pourtant, Maria ne réclamait que la charité d'une chopine de *carrascão*, ce gros rouge que l'on sert toujours dans les *tascas* (tavernes) de Lisbonne, alors signalées à l'attention des clients par des rameaux entrelacés au-dessus de la porte.
Malgré l'occupation du pays par les Maures du VIIIe au XIIe siècle, le Portugal ne cessa jamais de produire des vins, et son vignoble est probablement antérieur à la conquête romaine. Si le Porto et le Madère ont fait la réputation vinicole du pays dans le monde entier, d'autres vins se prêtent plus à la consommation courante, dont les célèbres *vinhos verdes* (vins verts), qui, contrairement à quelques idées reçues, ne tirent pas leur nom de leur couleur et ne sont pas forcément des vins blancs, loin de là, certains étant des rouges sombres et tanniques. La notion de « verdeur » fait allusion à leur vivacité et à leur tendance à pétiller légèrement. Ces vins frais, secs et mordants, délicatement piquants, sont produits dans la région d'Entre-Douro-e-Minho, au nord du Portugal.
À boire très jeunes et très frais, et même bien froids, les *vinhos verdes*, désaltérants, se consomment surtout en été à l'apéritif et accompagnent à merveille les plats de poisson.

ANTONIO TABUCCHI

Un porto millésimé

L'écrivain italien Antonio Tabucchi a choisi d'écrire directement en portugais son roman intitulé Requiem, *parce qu'« une histoire pareille ne pouvait être écrite qu'en portugais, et voilà tout. » Entre midi et minuit, par un dimanche torride de juillet, le narrateur va rencontrer, à Lisbonne et ses environs, d'étranges personnages – réels ou fantomatiques, on ne sait – comme cet étrange « Maître de la Maison de l'Alentejo », curieux club vaguement britannique, feutré à l'extrême et totalement désert, à l'exception du narrateur et de son hôte.*

Je voudrais vous faire une proposition, me dit le Maître de la Maison de l'Alentejo. Je le regardai, posai la queue sur le billard et retirai ma veste. Dites seulement, je vous en prie, répondis-je. Ce coup mérite un pari, dit-il, j'ai une bouteille de porto de cinquante-deux, je crois que c'est vraiment le moment de l'ouvrir, si vous gagnez, je vous l'offre, si vous perdez c'est vous qui l'offrez. Je calculai rapidement combien pouvait coûter une bouteille de porto de cinquante-deux, et l'argent qui me restait en poche : je n'étais pas en mesure d'engager des paris, je n'avais plus assez de sous. Le Maître de la Maison de l'Alentejo me fixait d'un air de défi. Vous n'osez pas, dit-il. Oh, mais si, répondis-je, ce dont j'ai le plus envie ce soir, c'est de boire un porto de cinquante-deux. Parfait, dit le Maître de la Maison de l'Alentejo, excusez-moi, et il partit chercher la bouteille. Je m'assis dans un fauteuil et continuai à fumer. J'aurais voulu réfléchir, mais n'en avais nulle envie. J'avais seulement envie d'être là, de fumer en regardant le billard et cette bizarre combinaison géométrique que les billes avaient formée sur le tapis et dont je devais me rendre maître. Et le parcours bizarre que ma bille allait devoir effectuer pour atteindre celle de mon adversaire m'apparut comme un signe : c'était évident, cette parabole impossible que je devais réussir sur le billard était la même que celle que je devais accomplir ce soir-là, et je fis donc un pari avec moi-même, enfin, pas un pari proprement dit, plutôt une conjuration, un exorcisme, une supplique au destin, et je pensai : si j'y parviens, Isabel viendra, si je n'y parviens pas, je ne la reverrai jamais.

Le Maître de la Maison de l'Alentejo revint avec la bouteille et deux verres à liqueur sur un plateau d'argent, qu'il posa sur la table à côté du billard. Bon, dit-il, nous devrions boire un verre avant votre essai, vous avez bien besoin d'un cordial. Il ouvrit la bouteille avec précaution et compétence, et nettoya soigneusement le rebord du goulot avec sa serviette, afin de retirer les petits morceaux de bouchon. Il remplit les verres et me tendit le plateau. Il avait un savoir-faire indiscutable, ce Maître de la Maison de l'Alentejo, mais son professionnalisme était excessif dans une situation qui aurait demandé une certaine complicité, quelque amabilité ou même un semblant de connivence. Rien de tout cela dans son attitude ni dans ses manières : plutôt une courtoisie toute professionnelle, qui soulignait la tension de cet instant. Il leva son verre et je dis : tenez, j'ai fait deux paris, un réel avec vous, et un pari mental avec moi-même, nous allons boire à mon pari mental, si vous le voulez bien. À votre pari mental, dit-il d'un ton grave, puis il ajouta : cela faisait une éternité que j'avais envie d'ouvrir cette bouteille, mais je n'avais encore jamais trouvé l'occasion idéale.

C'était un porto splendide, légèrement âpre, avec un arôme intense. Le Maître de la Maison de l'Alentejo remplit à nouveau les verres et me dit : encore une gorgée, je crois que la situation l'exige.

Requiem, une hallucination,
traduit du portugais par Isabelle Pereira
avec la collaboration de l'auteur,

Si tant est que l'on puisse résumer un pays à un vin, le Porto symbolise à lui seul le Portugal. Pourtant, ce vin n'existe que grâce à l'obstination des négociants anglais, qui, d'un petit vin âpre et dur venu des pentes arides de la vallée du haut Douro, ont su faire l'un des vins « vinés » les plus célèbres du monde.

La naissance du Porto doit beaucoup à la géopolitique : au début du XVIIIe siècle, l'Angleterre, une fois de plus en conflit avec la France, interdit l'importation des vins d'Aquitaine, privant les Anglais de leur Bordeaux favori. Le Portugal, facile à atteindre par la voie maritime, devint fournisseur privilégié des Îles Britanniques, mais le vin supportait mal le voyage, et le principal négociant anglais, le baron de Forrester, imagina de l'additionner d'eau-de-vie pour le stabiliser : le Porto était né.

Pur produit d'un élevage méticuleux, le Porto existe en différentes qualités : Tawny Port (assemblage de plusieurs

millésimes vieilli en fûts de bois, de couleur rousse, fin et élégant), Ruby Port (jeune Tawny, fruité et doux), Porto blanc, et surtout Vintage Port (Porto millésimé), qui n'atteint sa perfection qu'au bout de vingt à trente ans de vieillissement en bouteille de verre. C'est très certainement à cette catégorie qu'appartient le « porto de cinquante-deux » évoqué par Tabucchi – même si l'année n'est pas répertoriée comme exceptionnelle.
De très nombreux ouvrages spécialisés ont évidemment été consacrés au Porto sous tous ses aspects, mais savoir le choisir et le déguster est tout un art qui ne s'apprend que par la pratique. Pour s'initier à cet art subtil, l'adresse la plus connue de Lisbonne est le Solar do Vinho do Porto, dans le Bairro Alto, où l'on peut goûter et comparer plus de trois cents crus différents... Prévoir plusieurs visites successives !

ANTONIO TABUCCHI

Le vin de Colares

Au terme d'un dimanche extravagant, le narrateur se retrouve dans un restaurant à la mode en compagnie de son meilleur ami portugais et de l'Invité, convive anonyme, anglophone à ses heures, poète d'avant-garde, surgi de nulle part tel le Commandeur lors du festin de Dom Juan, et qui pourrait bien être la réincarnation temporaire d'un certain Fernando Pessoa – mais il s'agirait alors d'un fantôme gastronome...

Mon Invité ouvrit la carte des vins et la lut attentivement. Comment peut-on choisir le vin sans avoir choisi son menu ?, demanda-t-il, ce restaurant est vraiment bizarre. Ici on ne mange pratiquement que du poisson, dis-je, c'est pourquoi on vous offre uniquement du vin blanc, mais si vous préférez du vin rouge, il y a une réserve maison qui n'est peut-être pas mal du tout. Non, non, répondit-il, ce soir je vais boire du vin blanc moi aussi, mais il faut que vous m'aidiez à choisir, je ne connais pas les crus, tous les noms ont changé. Du « vin vert » ou non ?, demandai-je. Non, non, dit-il, je n'aime pas les vins qui sont des eaux gazeuses. Je ne sais pas si vous avez vu qu'il y a du Colares Chita, un vin de notre temps. Mon Invité approuva et dit : c'est un vin d'Azenhas do Mar, il a reçu en 1923 une médaille d'or à Rio de Janeiro, j'habitais le quartier de Campo de Ourique à cette époque.

Mariazinha revint vers nous et je lui commandai le Colares. Avez-vous choisi ?, demanda Mariazinha. Écoutez, dis-je, si cela ne vous fait rien, nous voudrions boire un verre avant de choisir, nous avons soif, et puis nous voudrions porter un toast. Ça ne me fait rien, dit Mariazinha, la cuisine ferme à deux heures et le restaurant à trois, c'est comme vous voudrez. Il s'en alla et revint bientôt avec une bouteille et un seau à glace.

Nous avons ce soir un menu littéraire, dit-il tout en débouchant la bouteille, c'est Pedrinho qui a choisi les noms, *es el apocalipse, caballeros*. Qui est donc Pedrinho ?, demandai-je. C'est un jeune homme qui nous conseille pour la cuisine, dit Mariazinha, un garçon très cultivé, il a fait des études de lettres à Evora. Encore un Alentejan ?, demandai-je. Vous avez quelque chose contre les Alentejans ? objecta Mariazinha avec fierté, mais moi aussi je suis Alentejane, je suis d'Estremoz. Non, non, je n'ai absolument rien, répondis-je, simplement j'ai eu ma journée remplie d'Alentejans, j'ai rencontré des Alentejans de tous les côtés. Les Alentejans sont internationaux, dit Mariazinha en secouant sa queue de cheval, puis il nous laissa tranquilles.

Mon Invité leva son verre. Nous allons porter un toast, dit-il. D'accord, dis-je, et à quoi ? Au siècle prochain, dit-il, vous en avez bien besoin, vous autres, ce siècle-ci a été le mien et je m'entendais bien avec lui, mais je me demande si vous n'allez pas avoir des problèmes avec le siècle qui arrive.

Requiem, une hallucination,
traduit du portugais par Isabelle Pereira
avec la collaboration de l'auteur,

Peu connu en France, le Colares est un vin étrange à tous égards. Sa région de production, située le long de l'océan Atlantique à proximité de Sintra, à une trentaine de kilomètres au nord-ouest de Lisbonne, ne semble a priori guère propice à la viticulture. Le sol est constitué de dunes de sable qui recouvrent une épaisse couche d'argile. Y planter la vigne implique de creuser de profondes tranchées dans le sable meuble pour parvenir à enraciner les ceps dans le sous-sol aride. Travail de titan fort peu rentable, qui ne fut véritablement entrepris que lorsque le phylloxéra commença à détruire les autres vignobles.
Les plants de cépage Ramisco et Santarem sont conduits à l'horizontale, pour favoriser l'enracinement spontané des extrémités, selon la technique du marcottage (ou provignage). Après la vendange, ce vin à maturation lente mûrit pendant une quinzaine d'année dans des fûts non pas de chêne, mais d'acajou d'Angola ou de séquoia des États-Unis. Tout cela concourt à produire un vin rouge sombre, parfumé, robuste sans être trop corsé, et dont raffolait lord Byron. Les vins ainsi élevés se distinguent par la présence du mot « *garrafeira* » sur l'étiquette. Pour les curieux, il existe aussi un Colares blanc, issu du cépage Malvoisie, que les amateurs s'accordent à trouver sans intérêt particulier... mais personne n'est obligé de se conformer au verdict des spécialistes.
Cher à produire, le Colares devient de plus en plus rare, d'autant que le vignoble ne cesse de reculer devant l'assaut des stations balnéaires, qui lui disputent les meilleurs emplacements sur les dunes du bord de mer.

JOSÉ CARDOSO PIRES

Dérive dans les bars

Promenade à travers des souvenirs plus encore que des lieux, nourrie de réminiscences littéraires, Lisbonne. Livre de bord *(sous-titré* Voix, regards, souvenances*) constitue l'itinéraire le plus personnel, le plus subjectif qui soit – et donc le plus proche de la réalité de la ville. José Cardoso Pires évoque ici le British Bar de la Cais do Sodré, célèbre pour son horloge qui tourne à l'envers afin de tromper la fuite du temps, et qui fascina le réalisateur Alain Tanner dans son film* La ville blanche.

Eh oui. Au British Bar les années passent, les générations changent, viennent des hommes de lettres, viennent des contrebandiers, viennent des dockers mêlés à des filles de civilisation, mais l'esprit et la couleur locale restent uniques. Il a une saveur de quai sans eau à portée de vue, cet endroit.

Une vendeuse de loterie entre. Il y a longtemps que, fréquentant les bars du coin, je la connais ; je la regarde et la revois appétissante, seins pointés, bas de soie et talons hauts. Elle passe près de moi, et à sa façon de faire elle me laisse des messages. « Tu as pratiqué la fornication mais c'était dans un autre pays », c'est ce qu'elle me dit, bien que sans utiliser de mots car les mots, je les ai pensés moi-même et ils sont de T.S. Eliot.

« Tu as pratiqué / La fornication ; mais c'était dans un

autre pays / Et de plus la femme est morte. » Ce message d'Eliot, je ne peux l'oublier.

Il n'y a pas de doute, les bars sont réellement des navigations très personnelles. De l'autre côté de la rue j'ai l'Américain qui arbore, comme une figure de proue, non pas une horloge intrigante mais un puissant tupaïa empaillé sur un autel mural. Autrefois c'était un comptoir de Suèves, Danois et Britanniques, tous agents de navigation de Cais do Sodré, et ici, aujourd'hui, le jour s'y prêtant, je bute sur un autre poète : Pessoa. Pessoa, toujours Pessoa, Pessoa, notre destinée. Lui aussi, dans les glorieuses années trente, fréquentait l'Américain aux heures liturgiques des *morning drinkers*. Navigations, c'est bien ce que je disais. Dans les bars de Cais do Sodré personne ne peut être sûr de ne pas recevoir par la proue un poète à la dérive.

Aujourd'hui l'Américain a perdu du lest, il balance à la surface d'un passé de buveurs en anglais, réfléchis dans le gin tonic ou dans le sling. Il est presque à sec, comme on le voit, sans ces navigateurs de comptoir ; et pour cadre de sa solitude il exhibe des calendriers de shipchandlers avec des navires au long cours jetant de la fumée sur les murs.

Lisbonne. Livre de bord
Voix, regards, ressouvenances,
traduit du portugais par Michel Laban,

Que serait Lisbonne sans la multitude de bars, de tavernes et autres débits de boissons, où l'on aime à se retrouver sous n'importe quel prétexte et à n'importe quelle heure ? Comme l'affirme José Cardoso Pires, « les bars sont réel-

lement des navigations très personnelles. » Et il ajoute : « Chaque buveur a son plan, et chaque plan a ses ports, et des voiles au large... »
Si nombre d'établissements sont analogues à ceux d'autres capitales européennes, qu'il s'agisse des grands cafés au décor fin XIXe soigneusement préservé comme A Brasileira ou le Procópio, ou des bars à bière comme le British Bar évoqué ci-dessus, d'autres sont véritablement uniques au monde. Ainsi le Pavilhão Chinès (Pavillon chinois), proche du Jardin botanique, surnommé le « bar bric-à-brac », ancienne épicerie fine au XVIIIe siècle et véritable musée de porcelaines chinoises, où l'on peut aussi bien prendre un thé (de Chine, évidemment) que déguster un cocktail ou faire une partie de billard.
Ainsi, également, O Pirata, sur le Rossio, dont la carte se résume à deux boissons : « Pirata » et « Perna de Pau », dont la formule exacte est enclose dans un coffre-fort, la préparation s'effectuant dans un laboratoire clos à l'abri des regards indiscrets.
Ainsi, enfin, ces institutions locales que sont les minuscules débits de *ginginha*, liqueur à base de cerises griottes vendue au verre, et que l'on déguste debout au comptoir. Attention, la *ginginha*, qui se boit comme du jus de fruit, est à effet rapide et dissipation lente... Les estaminets les plus anciens et les plus typiques, comme la Ginginha Sem Rival-Eduardino, se situent aux abords du Rossio.

FERNANDO PESSOA

Un restaurant d'habitués

Multiple et multiforme, l'œuvre de Fernando Pessoa n'est que rarement signée du nom de son auteur, le plus souvent de ses multiples hétéronymes – non pas des pseudonymes, mais de véritables personnages virtuels, dotés chacun d'une personnalité bien affirmée et d'un style littéraire bien à lui. Le poète nous fait assister ici à sa rencontre avec un certain Bernardo Soares, qui écrit pour lui-même une sorte de livre de bord intitulé Le livre de l'intranquillité.

Il existe à Lisbonne un certain nombre de petits restaurants ou de bistrots qui comportent, au-dessus d'une salle d'allure convenable, un entresol offrant cette sorte de confort pesant et familial des restaurants de petites villes sans chemin de fer. Dans ces entresols, peu fréquentés en dehors des dimanches, on rencontre souvent des types humains assez curieux, des personnages dénués de tout intérêt, toute une série d'apartés de la vie.

Le désir de tranquillité et la modicité des prix me menèrent à une certaine période de ma vie à fréquenter l'un de ces entresols. Lorsque j'y dînais, vers les sept heures, j'y rencontrais presque toujours un homme dont l'aspect, que je jugeai au début sans intérêt, éveilla peu à peu mon attention.

C'était un homme d'environ trente ans, assez grand, exagérément voûté en position assise, mais un peu moins une fois debout, et vêtu avec une certaine négligence qui n'était pas, cependant, entièrement négligée. Sur son visage pâle, aux traits dénués de tout intérêt, on décelait un air de souffrance qui ne leur en ajoutait aucun, et il était bien difficile de définir quelle sorte de souffrance indiquait cet air-là – il semblait en désigner plusieurs, privations, angoisses, et aussi cette souffrance née de l'indifférence, qui naît elle-même d'un excès de souffrance.

Il dînait toujours légèrement, et fumait des cigarettes qu'il roulait lui-même. Il était extraordinairement attentif aux personnes qui l'entouraient, non pas d'un air soupçonneux, mais en les observant avec un intérêt particulier ; non pas d'un air scrutateur, mais en semblant s'intéresser à elles, sans pour autant fixer leur figure ou détailler leurs traits de caractère. C'est ce fait curieux qui suscita tout d'abord mon intérêt pour lui.

Je commençai à mieux le voir. Je constatai qu'un certain air d'intelligence animait ses traits, quoique de façon incertaine. Mais l'abattement, la stagnation glacée de l'angoisse, recouvraient si régulièrement son expression qu'il était difficile de découvrir autre chose au-delà.

J'appris un jour par hasard, par l'un des serveurs, qu'il était employé de commerce dans un bureau proche du restaurant.

Il se produisit un jour un incident dans la rue, juste sous nos fenêtres – une rixe entre deux hommes. Tous ceux qui se trouvaient à l'entresol coururent aux fenêtres, je fis de même, et l'homme dont je parle également. J'échangeai avec lui une phrase banale, il me répondit sur le même ton. Sa voix était terne, hésitante, comme celle des êtres qui n'espèrent plus rien, car il est pour eux parfaitement inutile d'espérer quoi que ce soit. Mais il était peut-être absurde de donner un tel relief à mon compagnon vespéral de restaurant.

Je ne sais trop pourquoi, nous avons commencé à nous saluer à partir de ce jour-là. Puis, un soir où nous rapprocha peut-être le hasard, absurde en soi, qui fit que nous nous trouvâmes tous deux dîner à neuf heures et demie, débuta entre nous une conversation à bâtons rompus. À un certain moment il me demanda si j'écrivais. Je répondis que oui. Je lui parlai de la revue *Orpheu* qui avait commencé à paraître depuis peu. Il se mit à la louer, et même à la louer hautement, ce qui réellement me stupéfia. Je me permis de lui faire part de mon étonnement, car l'art de ceux qui écrivent dans *Orpheu* est destiné, en fait, à quelques rares lecteurs. Il me répondit qu'il était peut-être de ceux-là. D'ailleurs, ajouta-t-il, cet art ne lui avait rien apporté de vraiment neuf : et il avança timidement que, n'ayant rien de mieux à faire, ni d'endroit où aller, sans amis à fréquenter et sans goût pour la lecture, il passait ses soirées, dans sa chambre de pension, à écrire lui aussi.

Le livre de l'intranquillité,
traduit du portugais par Françoise Laye,

Comme les *tascas* (bistrots) et les *ginginhas*, les restaurants abondent à Lisbonne, et sont assidûment fréquentés par les Lisboètes en toute occasion, qu'il s'agisse du déjeuner ou du dîner. Généralement, la cuisine est à la fois traditionnelle, savoureuse et copieuse : ici, on ne plaisante pas avec le sujet. Les portions sont souvent pantagruéliques, mais les appétits défaillants peuvent réclamer *meia dose* (demi-portion).

Tout repas digne de ce nom comporte, été comme hiver, une soupe chaude, presque toujours aux choux (*caldo verde*). Les plats sont à base de poisson, la morue se taillant la part du lion, de mollusques (pieuvre, calamar, seiche) ou de viande (agneau, chevreau, poulet, porc, bœuf, lapin). Voici deux recettes typiques, certes un peu rustiques en apparence – surtout la seconde –, mais certainement étonnantes :

RIZ DE LANGUES DE MORUE

Mettez à dessaler 1 kg de langues de morue pendant 48 heures Rincez-les et faites-les pocher pendant 90 secondes ; les langues ne doivent jamais bouillir sous peine de finir dans une poubelle, leur chair est très fragile. Réservez-les. Dans une cocotte, versez de l'huile d'olive froide, ajoutez trois gousses d'ail épluchées et hachées, un oignon finement émincé, un piment, quelques rondelles de gingembre frais, un poivron grillé et épluché, une carotte en rouelles, une ou deux branches de céleri haché : recouvrez et faites mijoter à feu doux. Lorsque les ingrédients commencent à blondir, versez un verre de vin blanc sec et laissez-le s'évaporer. On peut alors introduire le riz, une tasse à café par personne et deux pour la marmite, que l'on laisse frire ou non, selon. Recouvrez de l'eau de cuisson des langues et jetez-y une ou deux tomates coupées en morceaux. Surveillez la cuisson, ajoutez de l'eau si c'est nécessaire. Une minute avant d'éteindre le feu, déposez délicatement les langues ainsi qu'un hachis de persil et d'ail. Mélangez et servez avec des citrons coupés en quartiers.

TETE DE POISSON

Pour ce plat de fête, il faut trouver une tête de gros poisson, le mérou convient parfaitement. Enduire légèrement de sel les orifices, yeux, branchies, puis mettre la tête à cuire dans un court-bouillon très neutre ; une carotte, un oignon, un petit bouquet garni suffisent à aromatiser la chair dont la succulence dépend presque exclusivement de sa fraîcheur. Surveillez la cuisson, le poisson doit rester ferme et rosé. Préparez à part des œufs durs, des cocos verts, des pommes de terre bouillies, voire un peu de riz. Prévoyez une bonne quantité d'excellente huile d'olive. Tout se mange, il ne doit rester que les os. Chaque partie – les joues, la cervelle, les cartilages, la langue – se déguste l'une après l'autre. Pour les yeux, nous conseillons de les dépiauter, de retirer la pupille et d'écraser le reste à la fourchette sur une fine tranche de pain légèrement grillé et enduite d'huile d'olive. Ce plat se partage avec trois ou quatre amis et nécessite une bonne demi-douzaine de bouteilles de vin blanc assez alcoolisé. Le déjeuner est sans doute le bon moment pour un tel repas qui exige du temps, plusieurs heures, surtout si vous disposez d'une bonne bouteille d'alcool d'arbouse pour clore ce festin.

Recettes extraites de *Stalinoburger*,
suivi de *Le 11 janvier 1986*, de João Franco,
traduit du portugais par Raoul Migrod,

ANTONIO TABUCCHI

Le sarrabulho a moda do Douro

Alors, qu'une canicule exceptionnelle s'abat sur Lisbonne, mettant le narrateur dans un état second à la limite du malaise, son vieil ami Tadeus, pourtant mort et enterré depuis longtemps, le convie à déjeuner dans un petit restaurant au coin de la rue, chez Casimiro. Casimira, la femme de Casimiro, fine cuisinière, mijote amoureusement des plats traditionnels, ce jour-là un sarrabulho *« absolument divin, à tomber à genoux, tu vois ce que je veux dire ? »*

La Femme de Casimiro s'appelle Casimira, répéta Tadeus, excusez-moi, Casimira, mais c'est décidé, et maintenant expliquez donc à ce jeune homme comment on prépare un *sarrabulho a moda do Douro,* pour qu'il puisse, une fois revenu dans son pays, en faire chez lui à son tour, car là où il habite, on ne mange que des spaghetti. Vraiment ?, demanda la Femme de Monsieur Casimiro. Je vous le garantis, répéta Tadeus, rien que des spaghetti. Non, non, corrigea la Femme de Monsieur Casimiro, de plus en plus confuse, ce n'est pas ça que je vous demandais, je voulais savoir si votre ami désirait vraiment savoir comment on fait le *sarrabulho.* Bien sûr, répondis-je, j'aimerais beaucoup connaître la recette, si ça ne vous dérange pas. Il faut m'excuser, dit la Femme de Monsieur Casimiro, le vrai *sarrabulho,* dans mon pays, on le fait avec de la purée de maïs, mais aujourd'hui je n'avais plus de farine de maïs, alors j'ai mis des pommes de terre, mais ça ne fait rien, je vais vous donner les ingrédients pour un vrai *sarrabulho,* je ne mesure jamais rien, je fais toujours ça à vue de nez; enfin, il faut du filet de porc, de la graisse, du saindoux, du foie de porc, des tripes, un bol de sang cuit, une tête d'ail, un verre de vin blanc, un oignon, de l'huile d'olive, du sel, du poivre et du cumin. Casimira, asseyez-vous là, intervint Tadeus, et buvez-moi un petit verre de ce Reguengos de Monsaraz, ça vous aidera à nous expliquer tout ça. La Femme de Monsieur Casimiro s'assit en s'excusant, et accepta le verre de vin que Tadeus lui tendait. Bon, dit-elle, si vous voulez un bon *sarrabulho,* il faut préparer la viande dès la veille; vous coupez le filet de porc en morceaux réguliers, vous assaisonnez avec des gousses d'ail haché, du vin, du sel, du poivre et du cumin, le lendemain vous aurez une viande savoureuse, je ne vous dis que ça; alors vous prenez une terrine et vous coupez en morceaux la crépine, c'est comme ça qu'on appelle la graisse qui entoure les tripes, vous la faites fondre à feu doux, puis vous faites dorer les rognons au saindoux à feu vif, et vous laissez cuire à petit feu. Quand la viande est presque à point, vous l'arrosez avec le jus où elle a mariné la veille, et vous laissez réduire. Pendant ce temps-là, vous coupez le foie et les tripes, vous les faites revenir dans le saindoux pour qu'ils soient bien dorés. À part, vous hachez votre oignon, vous le mouillez d'huile, et vous ajoutez le bol de sang cuit. Alors vous mélangez le tout dans la terrine et votre *sarrabulho* sera prêt; vous rajoutez du cumin si ça vous dit, et vous servez avec des pommes de terre, de la purée de maïs ou du riz, enfin moi j'aime mieux le maïs, je l'ai déjà dit, parce que c'est comme ça qu'on fait dans mon village, mais ça n'est pas obligatoire.

La Femme de Monsieur Casimiro poussa un soupir, en raison de l'effort qu'elle venait de fournir, et posa une main sur sa forte poitrine. Et voilà, dit-elle, après cela, on n'a plus qu'à manger et se régaler.

Requiem, une hallucination,
traduit du portugais par Isabelle Pereira
avec la collaboration de l'auteur,

Plat typique du nord du pays, le *sarrabulho* est à l'image de toute la cuisine traditionnelle portugaise : rustique, robuste et copieux. Il faut bien quelques verres de Reguengos, solide vin rouge du pays (Monsaraz est un village du Bas-Alentejo), corsé et capiteux, pour tenir tête à un tel plat. On peut imaginer que le même vin accompagnerait à merveille cette autre recette, originaire de l'Alentejo, cette vaste région au sud du Tage dont João Franco affirme qu'elle « est peut-être le dernier terroir aux senteurs médiévales de tout l'ex-Occident » :

PIEDS DE PORC À LA CORIANDRE

10 pieds de porc frais. 5 clous de girofle. 20 gousses d'ail.
2 bouquets de coriandre. Sel. 1 dl d'huile d'olive.
1 cuillère à soupe de vinaigre.

Faire roussir et grattez soigneusement vos pieds, puis rincez-les à l'eau froide. Piquez les oignons de clous de girofle. Mettez une marmite sur le feu avec de l'eau en abondance, et ajoutez les pieds, les oignons piqués et un peu de sel. Laissez bouillir tranquillement jusqu'à ce que les pieds soient cuits, cela peut durer entre trois et quatre heures. Laissez refroidir un peu et désossez-les en détachant toute la viande. Pilez les gousses d'ail avec du sel dans un mortier. Versez cette pâte dans un pot en terre et arrosez d'huile d'olive jusqu'à en couvrir tout le fond. Quand les aulx commencent à blanchir, ajoutez la coriandre hachée au couteau. Retirez le pot du feu et ajoutez-lui un vinaigre agrémenté de farine dissoute. Remettez le pot au feu pour laisser cuire la farine. Posez les pieds dans ce bouillon, et laissez mijoter, la sauce doit rester un peu épaisse et verte. Les pieds se mangent très chauds.

Et comme bien souvent dans les recettes portugaises, le nombre de convives n'est pas indiqué...

Recettes extraites de *Stalinoburger*,
suivi de *Le 11 janvier 1986*, de João Franco,
traduit du portugais par Raoul Migrod,

JOSÉ SARAMAGO

L'art de déguster un mille-feuille

Raimundo Silva, correcteur d'épreuves dans une maison d'édition, est chargé de la relecture du manuscrit d'un éminent historien, consacré à l'histoire du siège de Lisbonne en 1147, à l'issue duquel les catholiques prirent la ville aux Maures. Saisi d'une sorte de coup de folie, le méticuleux Silva glisse sous la plume de l'historien une contrevérité énorme, geste qui va avoir des conséquences totalement imprévues sur sa propre vie – dont celle de décupler sa capacité d'observation.

Raimundo Silva entra, dit bonjour sans remarquer qui était là et alla s'asseoir à une table derrière la vitrine où étaient exposées les délices de la pâtisserie coutumière, gâteaux à la crème, palmiers, cornes d'abondance, madeleines, gâteaux de riz, mille-feuilles, et infaillibles, les croissants, avec la forme que leur a donnée leur nom en français, de croissant décroissant sitôt le premier coup de dent, jusqu'à ce qu'il ne reste plus que des miettes dans l'assiette, infimes corps célestes que le gigantesque doigt d'Allah, humecté, porte à la bouche, ensuite il n'y aura plus que le terrifiant vide cosmique, pour autant qu'être et néant soient compatibles. Le serveur, car il ne s'agit pas du propriétaire, interrompt son lavage de verres pour apporter le café commandé par le correcteur, il le connaît bien qu'il ne soit pas un habitué de tous les jours, seulement un client occasionnel qui vient combler là un intervalle de temps fortuit, aujourd'hui il semble avoir plus de temps devant lui, il ouvre un sac en papier d'où il sort un gros paquet de pages non reliées, le serveur cherche un espace où poser la tasse et le verre d'eau, il place le sachet de sucre dans la soucoupe et avant de se retirer il répète l'observation qu'il a débitée tout au long de la matinée sur le froid qu'il fait, Heureusement qu'aujourd'hui il n'y a pas de brouillard, le correcteur sourit comme s'il venait de recevoir une nouvelle agréable, C'est vrai, heureusement qu'il n'y a pas de brouillard, mais une grosse femme à la table voisine qui arrose son mille-feuille de café au lait très dilué signale que d'après le bulletin météorologique, elle prononce défectueusement Métrologique, le brouillard reviendra probablement en fin d'après-midi, qui le dirait à voir ce ciel si clair à présent, ce soleil éclatant, remarque poétique qu'elle n'a pas faite mais que nous introduisons ici parce qu'elle est irrésistible, Le temps, comme la fortune, est inconstant, dit le correcteur, conscient de la stupidité de sa phrase. Le serveur ne répondit pas, la femme non plus, attitude la plus prudente devant les phrases définitives, écouter et se taire, en attendant que le temps lui-même les fasse tomber en morceaux, encore que très souvent il les rende encore plus définitives, comme les sentences des Grecs et des Latins, finalement elles aussi vouées à l'oubli quand le temps se sera entièrement écoulé. Le serveur reprit son lavage de verres, la femme le reste de son mille-feuille, d'ici peu, furtivement, car c'est faire preuve de mauvaise éducation même si c'est irrésistible, elle glanera avec son index humecté les miettes du gâteau mais ne réussira pas à les récolter toutes, une à une, parce que les fragments de mille-feuille, nous le savons par expérience, sont innombrables comme la poussière cosmique, gouttelettes d'un brouillard infini et sans rémission.

Histoire du siège de Lisbonne,
traduit du portugais par Geneviève Leibrich,

Après un repas, aussi copieux soit-il, ou même en dehors de tout repas, que rêver de mieux qu'un bon dessert ou une pâtisserie ? Ici, on raffole de sucre et d'œufs, et les gourmands salivent à la simple pensée d'une *encharcada*, préparation à base de copeaux de jaune d'œuf pochés dans un sirop épais...
Tout aussi réputés sont les *pasteis de Belém*, spécialité de cette institution lisboète qu'est l'Antiga Confeitaria de Belém. Ces petits gâteaux de pâte feuilletée fourrés de crème brûlée sont servis chauds et saupoudrés de cannelle et se dégustent en une bouchée. Si la recette exacte en est tenue secrète, elle est certainement fort proche de celle que voici :

PASTEIS DE NATA

250 g de pâte feuilletée, 6 dl de lait,
300 g de sucre, 2 cuillerées de farine de maïs,
3 jaunes d'œufs, 3 dl d'eau, vanille en gousse.

Préparation : mélangez l'eau et le sucre et mettez le tout sur le feu pour obtenir un sirop. Avec la farine, les jaunes d'œufs, le lait et la vanille, faites une crème épaisse et mélangez-là avec le sirop. Mettez le mélange sur le feu en remuant sans arrêt.

Coupez la pâte en petits morceaux et foncez-en de petits moules. Remplissez les moules avec la crème et mettez le tout au four bien chaud.
Présentation : après cuisson, saupoudrez avec de la cannelle en poudre, ce n'en est que meilleur.

VIVRE LISBONNE

ANTÓNIO LOBOS ANTUNES

Chez le barbier

Portugal, milieu des années 1970 : après la « révolution des Œillets », nombre d'anciens militaires, désormais en retraite, peuvent savourer une relative tranquillité après dix ans de campagne dans les guerres coloniales menées par la dictature. Mais l'inaction a quelquefois un goût amer, et les fantômes du passé, prêts à ressurgir à la moindre occasion, peuvent se manifester jusque dans les miroirs d'un paisible salon de coiffure…

Chez le barbier ça sentait le tiède, l'antiseptique, la lotion bon marché, deux ou trois individus étaient assis dans des fauteuils, une serviette autour du cou, l'air guindé, des mèches de cheveux voletaient autour d'eux comme les plumes d'un poulet qu'on déplume, balayées vers le trottoir par un petit vieux diligent dans une blouse blanche qui vidait aussi les crachoirs et les cendriers, qui changeait les serviettes, qui rangeait les journaux et qui, dans ses moments d'oisiveté, allait contempler la rue, les mains dans les poches, immeubles, voitures, gens, toute la grisaille monotone de mars. Les miroirs parallèles multipliaient par dix, par vingt, par cent les rasoirs, les visages, la mousse de savon, les ciseaux et les peignes, les clients qui attendaient, adossés au mur, assis sur des banquettes sans dossier, les gestes voletants des barbiers, les cheveux lavés ruisselaient de gouttes de naufrage, les yeux ensommeillés du lieutenant-colonel rencontraient de temps en temps d'autres yeux également à la dérive, également vagues, dans les surfaces de verre et dans les équerres chromées, Pourvu que ceci ne prenne jamais fin, pourvu que ma coupe de cheveux dure éternellement, mes poils tombaient sur la serviette comme de la neige sale ou s'introduisaient dans mon cou, me piquant et m'incommodant, les ciseaux ouvraient et fermaient leurs becs chromés en s'acharnant sur une nuque, sur le contour d'une oreille, sur les mèches trop longues au-dessus d'un front, des doigts mous lui soulevaient le menton, lui abaissaient le menton, lui lissaient les joues, un fantôme moustachu à côté de lui, une main dehors tenant une cigarette, s'agitait sous une espèce de drap en feuilletant une revue, Je le connais ? un calendrier, le rectangle encadré de la liste des prix, la réclame d'une marque de brillantine avec un garçon magnifiquement coiffé entouré d'adolescentes éperdues d'admiration, Voulez-vous que je vous la taille ? demanda le barbier en se penchant aimablement vers le fantôme et en désignant sa moustache du bout de ses ciseaux, l'homme leva les sourcils d'un air outré, Je le connais ? sa mémoire le trahissait continuellement, les noms et les situations se confondaient dans son esprit, bientôt une méchante truite grillée, bientôt le cinéma, acheter un billet d'orchestre, donner un pourboire à l'ouvreuse, rester dans le noir non pas pour regarder le film mais pour penser à la vie, pour penser à la soirée de tout à l'heure et au dîner, pour penser à demain, Ça doit être ça, cette angoisse creuse, ce désespoir vide, que les types que je versais dans la réserve ressentaient, Bonjour, mon général, lui dit le fantôme en lui souriant dans la glace pendant que le barbier lui appliquait un peu d'alun sur une estafilade, une manucure plus toute jeune, avec des nichons incroyables, se tortillait entre les chaises, sa mémoire s'ouvrit comme une pastèque, ce visage, cette moustache, ce corps malgracieux, ces doigts d'araignée, oui, c'était bien cela, le régiment d'Artillerie de l'Encarnação, le matin du coup militaire, la paranoïa de conspiration communiste du prêtre, le colonel Ricardo hurlant au téléphone, les officiers en uniforme dans le bureau du Commandement, le capitaine Mendes en treillis, péremptoire, exhortant, avertissant, menaçant, donnant des ordres, avançant ou reculant sur ses longues jambes fluettes, toutefois ne se trompait-il pas, bon sang, sa mémoire ne le trahissait-elle pas comme d'habitude ?

Fado Alexandrino,
traduit du portugais
par Pierre Léglise-Costa et Geneviève Leibrich,

Peut-on encore se faire raser à l'ancienne chez un barbier lisboète ? Oui, probablement, car la ville reste encore le paradis des petits métiers et du petit commerce, où l'on chouchoute le client. Dans quelle autre capitale d'Europe prend-on encore la peine et le temps d'envelopper une à une sous vos yeux chaque boîte de conserve, fût-ce de modestes sardines à l'huile, dans un papier blanc ?
Si les grandes chaînes européennes ont investi Lisbonne ces dernières années, il subsiste un nombre considérable de petites boutiques improbables, où le commerce semble n'être qu'un prétexte à participer à la vie du quartier :

« Vitrines où se répète un unique produit. Souvent en guise d'enseigne. Piles de paquets de lessive ou de farines alimentaires. Alignement de bouteilles de vinaigre, en forme de poisson, irisées par la lumière. Je connais même une vitrine entière d'épingles de nourrice » (Christian Auscher). La plupart de ces échoppes n'ont point de nom, un simple panneau se contente d'annoncer leur spécialité : *livraria* (librairie), *papelaria* (papeterie), *sapateria* (chausseur), *joalheria* (bijouterie)... Les coiffeurs, même les plus modestes, proclament sur leur vitrine « *cabeleireiros* » en immenses majuscules.

JOSÉ CARDOSO PIRES

Corbeaux et fado

Au cours de sa longue flânerie dans les rues de Lisbonne et l'âme portugaise, José Cardoso Pires ne pouvait manquer d'évoquer l'une des légendes fondatrices de la ville, l'arrivée par la mer, au IVe siècle, du corps martyrisé de saint Vincent depuis Valence, en Espagne, sous la protection des corbeaux qui le respectèrent au lieu de s'en repaître. Légende qui ne pouvait qu'inspirer certaines paroles de fado, comme celles ici reproduites.

À propos de saints, il convient de parler de saint Vincent, qui se trouve dans la cathédrale et n'a vu Lisbonne qu'avec des yeux de mort. Le devoir c'est le devoir, et ce martyr, bien que très espagnol, est resté attaché au blason de notre ville à cause de certaines fables du destin.

Saint Vincent, cela est prouvé, est arrivé sur le Tage en cadavre naviguant sous la garde de deux corbeaux. Déjà tout flétri et rabougri, ajoutons. Déjà relique de tabernacle, bouche rongée, dents à nu. Il est arrivé en cet état et, bien que saint, il n'a pas eu un mot pour la ville qui le recevait. Ni un merci, pas même un *Dominus tecum*, il s'est enfermé dans la cathédrale comme on s'enferme dans une forteresse et, seul, replié sur lui-même, il est resté là, laissant couler les siècles au-dessus de son cadavre.

Mais pas les corbeaux. Les corbeaux, eux, après un voyage aussi vigilant, dès qu'ils se sont trouvés en terre ferme, se sont mis à sautiller pour se dégourdir et, s'engageant dans les passages et les ruelles, se sont intégrés immédiatement, se multipliant peu après en légions d'oiseaux de gargote qui faisaient plaisir à voir. Deux des plus anciens parmi eux se sont égayés si loin et en de tels lieux qu'en l'année 1630, c'est écrit dans les livres, ils ont franchi les portes de la ville et sont arrivés à la fontaine d'Arroios. Arroios, figurez-vous. Un faubourg de bagnards, à cette époque. Très à l'aise, les deux aventuriers ont étanché leur soif, puis se sont reposés et, pour marquer l'événement, ont gravé leur image dans la pierre de la fontaine comme sur une stèle marquant le passage d'explorateurs. Très portugais, ces oiseaux.

Malgré quelques petites escapades, histoire de changer d'air, c'est dans les quartiers de la capitale que les corbeaux proprement corbeaux faisaient leur vie : Pátio do Corvo (cour du Corbeau), à São Vicente de Fora, Rua dos Corvos (rue des Corbeaux), vers les escaliers de Santo Estêvão, Terreiro do Corvo (place du Corbeau), près de la cathédrale – comme on le voit, le plan de la ville leur fait, aujourd'hui encore, une place respectable. Si respectable même que Júlio Pomar a peint l'un d'eux côte à côte avec Fernando Pessoa, et ceci en toute légitimité puisqu'il s'agit de deux êtres légendaires de Lisbonne.

Tu es venue sur une cigogne, œil bleu,
dans un monde où le fado n'existe pas.
Moi, tresse noire de Lisbonne,
Un corbeau magicien m'y a amenée,

ai-je entendu il y a longtemps de la bouche d'une chanteuse de fado au 13 de la Rua Atalaia, et je m'en suis souvenu à jamais comme le gage de notre vénération pour ces oiseaux.

Lisbonne. Livre de bord
Voix, regards, ressouvenances,
traduit du portugais par Michel Laban,

Si saint Vincent est le patron de Lisbonne, et si ses corbeaux gardes du corps figurent toujours sur les armoiries de la ville, la dévotion populaire s'adresse plutôt à saint Antoine, qui n'est pas ici « de Padoue », puisque originaire de Lisbonne. Né en 1195 dans le quartier populaire de l'Alfama, il s'engagea dans l'ordre des franciscains, voyagea en Afrique puis partagea son temps entre la France et l'Italie, où il mourut en 1231. En France, on l'appelle surtout à la rescousse pour retrouver un objet perdu ou égaré, mais il est vénéré à Lisbonne comme le saint protecteur des mariages. Autant dire que de nombreuses fidèles, célibataires ou mariées, viennent l'implorer dans l'église qui lui est dédiée, Santo António, érigée sur le lieu supposé de sa naissance.
Mais c'est peut-être au fado, ce « blues portugais » que les Lisboètes vouent le culte le plus fervent. Lorsque celle que l'on considérait comme la plus grande chanteuse de fado du monde, Amália Rodrigues, disparut en 1999, le gouvernement décréta trois jours de deuil national et lui réserva des obsèques nationales.
Traditionnellement accompagné par la guitare portugaise à douze cordes, quelquefois par une guitare espagnole, le fado actuel accueille quelquefois d'autres instruments comme le piano, le violon et l'accordéon, et certains

textes de chanson sont écrits par des poètes contemporains. Mais le fado populaire, aux paroles souvent improvisées, continue à animer les soirées de Lisbonne, dans les tavernes et les petits restaurants de quartier, loin des « pièges à touristes » : « C'est un petit restaurant où les Portugais chantent pour eux, je pourrais dire plus exactement chacun pour soi seul, comme si la musique lui permettait de vider son cœur. Une jeune femme très belle chante comme si elle rêvait debout ; lui succède une femme au visage de statue brisée et dont la voix rauque a soudain des modulations très douces, des notes répétées comme un oiseau. Les trois guitares ont chacune leur registre, l'une parfois des accents de clavecin, lorsqu'il imite la pluie sur un toit de zinc, l'autre comme à Hawaï des douceurs étranges. La musique glisse, se cabre, vous entraîne plus loin vers une brume déchirée tout à coup par le soleil » (Julien Green, *Villes*).

MIGUEL TORGA

Ombres et lumières, 1 : le lever du jour

Dona Teresa, propriétaire de la Pension Centrale, a beaucoup de soucis avec son nouveau client, Monsieur Macedo, qui lui « cause beaucoup de dérangement » par ses horaires fantaisistes et « qui déjeune à quatre heures et demie de l'après-midi et qui dîne à onze heures du soir », sans parler de son obstination à dormir le jour et vivre la nuit... Gentiment, il essaie de convaincre sa logeuse de l'incomparable beauté de Lisbonne au lever du jour, mais Dona Teresa semble imperméable à ce genre de poésie.

Tout ça n'avait plus rien à voir avec le Joaquim Pinto da Conceição, natif de Castanhede d'où il était arrivé cinquante-six ans plus tôt : c'était incarner l'ordre dans la ville, voitures à sa droite, piétons dans les clous, gamins filant doux au moindre geste, le tout obéissant respectueusement à sa grosse voix solennelle. C'était incarner l'âme de la rue. La rue déserte le matin, nette et balayée, attendant la foule, et lui qui l'arpentait tout seul d'un bout à l'autre ; la rue bourrée de monde, à midi, avec les tramways, les charrettes, les automobiles, et lui au beau milieu, réglant la progression de tout cela ; la rue peu fréquentée, douteuse, vicieuse, à la nuit tombée, une péripatéticienne ici ou là, et lui à distance, faisant sa ronde...

– Vos papiers, s'il vous plaît !

Une contravention, et pas question de répliquer.

– Ce sont les ordres !

Le réclamant n'avait pas d'autre solution que de remettre son violon dans l'étui.

– Monsieur l'agent, s'il vous plaît...

Il tortillait sa moustache en réfléchissant :

– Je ne devrais pas. Mais pour cette fois, bon !

Évidemment il y avait des jours difficiles et des situations désagréables. Les nuits d'hiver, par exemple, n'étaient-elles pas affreuses ? Pluie et froid. Qu'il fallait supporter de pied ferme ! Certains moments, en vérité, étaient très pénibles. Lorsqu'après la sortie des cinémas le dernier survivant s'éclipsait et que la ville se drapait tout entière dans une tristesse mortelle, on avait envie d'on ne sait quoi. Qu'il bruine ou qu'il pleuve à verse, l'eau n'arrêtait pas de tomber ; le gel prenait aux jambes ; et le plus malin perdait courage lorsqu'il était de service dans ces conditions. Heureusement le corps finissait par se résigner. Une demi-douzaine d'enjambées, l'abri d'une porte, et le temps passait, il fallait bien ! Enfin cinq heures sonnaient à la Cathédrale. Un coq chantait on ne sait où. Une lueur indécise commençait à dessiner les choses. Le camion-poubelle descendait en cahotant la Rua de Quebra-Costas. Et on se sentait l'âme à neuf.

« La Retraite », in *Rua*,
traduit du portugais par Claire Cayron,

Monsieur Macedo semble être un extrémiste de la contemplation, mais il faut reconnaître que Lisbonne l'y encourage ! Ici, pas une colline qui ne se termine par son *miradouro* (belvédère) entouré de jardins, d'où se déploie un immense panorama sur la ville et le Tage, et que l'on peut en général contempler confortablement installé à une terrasse de café.
Ainsi, la colline de l'Alfama est couronnée par le Miradouro de Santa Luzia, tout proche d'un autre point de vue, le Largo das Portas do Sol (l'esplanade des portes du soleil), à l'emplacement d'une des sept entrées de la ville au temps des Maures. Toujours dans l'Alfama, mais cette fois dans l'enceinte du Castelo de São Jorge (château Saint-Georges), on découvre le Miradouro de São Jorge et une attraction étonnante, la Câmara Escura (chambre noire) : un périscope, installé au sommet d'une tour, renvoie à l'intérieur une image à 360° de Lisbonne. Plus au nord, dans le quartier de Graça, deux belvédères distants d'environ 700 m, le Miradouro da Graça et le Miradouro da Nossa Senhora do Monte, procurent un des plus beaux points de vue qui soient sur le château Saint-Georges, le quartier de la Mouraria et le centre-ville. À l'ouest de la ville, au sommet du Bairro Alto, le Miradouro de Santa Catarina offre un vaste point de vue sur le Tage et le pont du 25-Avril, tout comme le Miradouro de São Pedro de Alcântara.
Au-delà de l'agrément de la promenade, la montée à quelques-uns de ces belvédères s'impose à qui veut comprendre la topographie de la ville, qu'aucun plan, aussi détaillé soit-il, ne permettra jamais de deviner.

FERNANDO PESSOA

Ombres et lumières, 2 : le matin

Fernando Pessoa – ou plutôt, en l'occurrence, Bernardo Soares – fut un grand amoureux du spectacle des rues de Lisbonne, que sa statue de bronze contemple désormais pour l'éternité depuis la terrasse de A Brasileira, attablée devant une tasse de café. Il raconte ici le réveil laborieux, certes, mais aussi presque joyeux de la ville au petit matin.

Dans la brume légère de ce matin de mi-printemps, la Ville Basse se réveille, encore engourdie, et le soleil se lève avec une sorte de lenteur. Il règne une gaieté paisible dans cet air où l'on sent encore une moitié de froid, et la vie, au souffle léger de la brise qui n'existe pas, frissonne vaguement du froid déjà passé – au souvenir du froid plus que du froid en soi, et par comparaison avec l'été proche plus qu'en raison du temps qu'il fait.

Les boutiques ne sont pas encore ouvertes, sauf les petits cafés et les bistrots, mais ce repos n'est point torpeur, comme celui du dimanche; il est simplement repos. Un blond vestige flotte en avant-garde dans l'air qui peu à peu se révèle, et l'azur rosit à travers la brume qui s'effiloche. Un début de mouvement s'amenuise par les rues, on voit se détacher l'isolement de chaque piéton, et aux rares fenêtres ouvertes, tout là-haut, quelques fantômes matinaux apparaissent aussi. Les trams, à mi-hauteur, tracent leur sillon mobile, jaune et numéroté. Et de minute en minute, de façon sensible, les rues se dé-désertifient.

Je vogue, l'attention concentrée tout entière dans mes sens, sans pensée ni émotion. Je me suis éveillé tôt ; je suis descendu dans la rue sans idée préconçue. J'examine comme l'on songe. Je vois comme l'on pense. Et un léger brouillard d'émotion s'élève absurdement en moi ; la brume qui se dégage de l'extérieur semble me pénétrer lentement. Je m'aperçois que, sans le vouloir, je me suis mis à réfléchir sur ma vie. Je ne m'en suis pas rendu compte, mais c'est ainsi. J'ai cru que je ne faisais que voir et entendre, que je n'étais rien d'autre, durant tout ce parcours oisif, qu'un réflecteur d'images reçues, un écran blanc où la réalité projetait couleurs et lumières au lieu d'ombres. Mais j'étais bien plus, sans le savoir. J'étais aussi l'âme qui se refuse, et mon observation abstraite était encore, par elle-même, un refus.

L'air s'assombrit par manque de brume, il s'assombrit de lumière pâle, où l'on dirait que s'est mélangée la brume. Je m'aperçois brusquement que le bruit est beaucoup plus intense, que beaucoup plus de monde existe. Les pas des piétons, plus nombreux, sont moins pressés. Soudain, rompant cette absence, cette hâte moindre des autres, surgit le pas rapide et agile des *varinas*, l'oscillation des garçons boulangers aux corbeilles monstrueuses, et la similitude divergente des marchandes de tout le reste ne se démonotonise que par le contenu des paniers, où les couleurs se différencient plus que les objets. Les laitiers entrechoquent, comme des clefs creuses et absurdes, les bidons inégaux de leur métier ambulant. Les agents de police stagnent aux carrefours, immobile démenti de la civilisation à l'invisible montée du jour.

Le livre de l'intranquillité
traduit du portugais par Françoise Laye,

De son côté, Patrick Quillier écrit et décrit : « Tu revenais d'une fête chez des amis. Tu avais laissé derrière toi les quartiers modernes de l'est. Tu naviguais le long du fleuve, parmi le brouillard du petit matin. [...] Un des premiers tramways du jour glissa vers toi sur les pavés, trouant la brume comme un incoercible minotaure. » À quelques décennies de distance, la brume de Lisbonne suscite les mêmes impressions, les mêmes émotions. Certes, les petits métiers décrits par Pessoa ne sont plus tout à fait d'actualité. Ainsi les *varinas*, ces marchandes de poisson qui portaient leur corbeille sur la tête, ne font plus partie du paysage lisboète, mais les marchés restent, eux, bien vivants, approvisionnés en produits frais par les campagnes environnantes. Le plus important est le Mercado municipal 24 de Julho, dans le quartier de Cais do Sodré, à proximité du port de Ribeira. Installé dans l'ancienne halle aux poissons, il abrite le matin un marché aux fruits et légumes et l'après-midi et certains soirs un marché aux fleurs. Ouvert aux grossistes dès cinq heures du matin, c'est bien évidemment un des rendez-vous favoris des noctambules de Lisbonne, qui viennent y prendre leur petit-déjeuner à la sortie des bars et des discothèques. Quant au marché aux poissons, réputé pour son pittoresque, il se tient au bord du Tage, à proximité de la gare de Santa Apolónia située à l'est de la ville, au pied de l'Alfama.

FERNANDO PESSOA

Ombres et lumières, 3 : le soleil de midi

Pendant longtemps, Lisbonne aura été, bien plus que la capitale du Portugal, celle de l'Estremadura, région essentiellement agricole. Les effluves de cette campagne encore toute proche, tout comme la présence des paysans venus faire leurs affaires à la ville, donnaient alors aux grandes avenues imposantes une ambiance bien particulière, propice à toutes les rêveries.

La ville peut connaître des calmes champêtres. Il est des moments, surtout à l'heure de midi en plein été, où dans cette Lisbonne si lumineuse, la campagne nous envahit en coup de vent. Et jusque dans cette rue des Douradores, nous jouissons d'un bon sommeil.

Qu'il est doux à l'âme de voir se taire, sous un soleil paisible à son zénith, ces charrettes de paille, ces caisses inachevées, ces promeneurs au pas lent, dignes de quelque village transplanté ! Moi-même qui les regarde, de la fenêtre du bureau où je suis seul, j'effectue un transfert : je me retrouve dans une calme petite ville de province, ou bien je stagne dans quelque village reculé, et, me sentant un autre, je suis heureux.

Je sais : si je lève les yeux, j'aurai devant moi l'enfilade sordide des façades et des fenêtres crasseuses de tous les bureaux de la Ville Basse, les fenêtres dépourvues de sens des étages supérieurs, où des gens habitent encore, et tout en haut, dans la perspective angulaire des mansardes, le linge habituel séchant au soleil, entre pots de fleurs et plantes diverses. Je sais tout cela, mais la lumière qui dore toutes ces choses est d'une telle douceur, si dénué de sens l'air calme qui m'enveloppe, que je n'ai pas même de motif visuel pour renoncer à mon village postiche, à ma petite ville provinciale, où le commerce est la tranquillité même.

Je sais, je sais… À vrai dire, c'est l'heure du déjeuner, ou du repos, ou de la pause. Tout glisse parfaitement à la surface de la vie. Moi-même, je dors, même si je me penche au balcon comme par-dessus le bastingage d'un navire surplombant un paysage tout neuf. Et je ne rêve même pas, tout comme si je vivais en province. Mais soudain, voici qu'autre chose surgit, m'investit et m'ordonne : je vois, à travers l'heure de midi de la petite ville, toute sa vie typique de petite ville ; je vois la vaste et heureuse stupidité de la vie domestique, la vaste et heureuse stupidité de la vie des champs, la vaste et heureuse stupidité de la tranquillité alliée au sordide. Je vois, parce que je vois. Mais je n'ai pas vu, et me voici réveillé. Je regarde alentour tout en souriant, et, avant toute chose, je secoue des coudes de mon veston (un veston sombre, malheureusement) toute la poussière récoltée sur l'appui d'une fenêtre que personne n'a pris soin d'essuyer, sans savoir que cet appui devrait un jour, ne fût-ce qu'un instant, devenir le bastingage, sans poussière possible, d'un navire sillonnant les mers pour un tourisme infini.

Le livre de l'intranquillité,
traduit du portugais par Françoise Laye,

Lisbonne, multiple et changeante, est propice à toutes les rêveries, tous les dépaysements. Ainsi, remarque Patrick Quillier, traducteur de Pessoa : « Vous avancez. Vous bifurquez sur votre droite. Tout soudain ce n'est plus Lisbonne, c'est une ruelle de village paisible et frais, au fin fond de l'Alentejo : de toutes petites maisons blanchies à la chaux, au seuil fleuri et embaumé de jasmin et de basilic, un chien assoupi sous la lune, quelques humbles lavoirs le long des murs. Rêvez-vous ? Vivez-vous ? Où êtes-vous ? »
Rien de commun, en effet, entre les labyrinthes de l'Alfama, la ville pombalienne tracée au cordeau, les vastes avenues du Nord directement inspirées des Champs-Élysées parisiens, les enchevêtrements de grues et de rails du port... José Cardoso Pires a bien noté cet aspect évanescent, insaisissable de Lisbonne, de cette ville qui se dérobe au regard, ne se laisse jamais englober dans son ensemble et ne se révèle fugitivement que dans ce qui ne se voit pas, mais se ressent : « Parce que, tu le sais bien, tout cela n'est pas que lumière et fleuve, que géographie, révélations, mémoires ou rengaines de manuels et d'autres phraseurs frustrés. Il y a aussi des voix, des odeurs à reconnaître – des odeurs, et quelles odeurs : sans aller plus loin, celle du poisson salé en tonneau dans les boutiques de la Rua do Arsenal ; celle de la mer à certaines heures dans les docks du Tage ; celle de l'été nocturne des parterres de Lapa ; des dépôts d'articles de marine entre Santos et Cais do Sodré ; et encore celle du poisson en train de griller sur les braseros à la porte des gargotes, dans les encoignures et les ruelles, depuis le Bairro Alto jusqu'à Carnide. »

MIGUEL TORGA

Ombres et lumières, 4 : la nuit

L'agent de police matricule 110, dans le civil Joaquim Pinto da Conceição, vient de se voir signifier ses droits à la retraite – à prendre dans les minutes qui suivent. Soudain « libre et dégagé de toute obligation » – c'est-à-dire totalement désemparé –, il se prend à regretter amèrement le bon temps de l'autorité, de l'uniforme et des rondes de nuit, même dans le froid humide et pénétrant des petits matins d'hiver.

– Voyons ça ensemble : vous habitez ici depuis combien de temps, Dona Teresa ?

– Depuis quarante-cinq ans.

– Eh bien ! moi je suis arrivé ici avant-hier pour la première fois. Et je parie que vous ne saurez pas me dire quel est l'endroit de la ville d'où l'on voit le plus beau clair de lune.

– Parce que vous pensez que je m'occupe de clairs de lune, Monsieur Macedo !

– Je sais bien que non. Mais je vous le demande : vous êtes-vous déjà promenée par les rues le matin de bonne heure ?

– Je suis une honnête femme, Monsieur Macedo !

– Donc, c'est non. Alors partez du principe que jusqu'à ce jour vous avez été enterrée vivante et occupée à nettoyer les murs de votre tombe.

Dona Teresa était sans voix. Le client alluma encore une cigarette et continua :

– Et c'est dommage, parce que la ville a des aspects bien curieux. Quand vous le pourrez, une fois le travail fini, au lieu d'aller vous coucher, montez par une ruelle qui prend un peu plus haut, au coin de la rue, et ouvrez les yeux. Juste au bout il y a une grande bâtisse tout illuminée. C'est la Maternité. Appuyez-vous aux grilles d'un petit jardin qui est juste en face, et attendez une petite demi-heure. C'est merveilleux ! Au début on n'entend qu'un silence complet, qui prépare l'esprit. Puis, ce sont des cris aigus et désespérés qui semblent trouer le ciel. Ne vous inquiétez pas. Enfin on l'entend. C'est un vagissement plein de fraîcheur, cristallin, qui vous entre dans le cœur comme une caresse. Vous n'imaginez pas la fraîcheur qui émane du premier cri d'un enfant, tombant comme une rosée sur la solitude nocturne ! Il faut l'avoir entendu pour savoir ce que c'est...

Dona Teresa écarquillait les yeux, ébahie.

– Je vous parais bizarre ? Mais je ne le suis pas. J'aime la pénombre, rien de plus. La clarté, pour moi, est une chose impossible, anti-naturelle, épouvantable ! Les objets, dans la lumière, ont une cruauté qui blesse les yeux, et qui dérobe aux choses la signification intime qu'elles peuvent avoir... Est-il rien de plus absurde que la lumière du soleil ! C'est comme si tout était en train de brûler ! Avez-vous déjà vu une fontaine, la nuit ? Faites-en l'expérience. Ça ne ressemble en rien, mais en rien ! à ce qu'on voit le jour. Ça change tout. Le bruit de l'eau qui tombe, le débit... Et un parc ? De jour, un parc n'est qu'un bosquet quelconque. Des arbres, des arbres et encore des arbres… Mais la nuit, c'est autre chose ! La réalité semble se transfigurer. Les troncs deviennent géants, les branches s'affinent, les feuilles palpitent… Mes paroles vous surprennent.

– Pour moi, si vous voulez que je vous dise, je trouve tout ça bien joli… Mais y'a les heures de repas…

– Laissez donc cette histoire de repas et d'horaires, ma bonne dame ! Occupez-vous plutôt de suivre mon conseil et d'aller faire un tour en ville à l'heure que je vous ai dite. Vous y promener doucement, comme on boit une tasse de thé bien chaud, à petites gorgées, en savourant le goût. Une rue déserte ! Vous n'en avez jamais vu ? Eh bien ! je vous le dis, vous ne connaissez pas la merveille des merveilles. De jour les maisons qui la bordent s'éteignent, se taisent, l'air de soldats au garde-à-vous, alignées, toutes pareilles et anonymes. Sur les milliers de gens qui passent devant elles, qui est capable de les individualiser, de les distinguer, de remarquer le dessin d'une porte, la grâce d'une fenêtre, le profil d'un angle de rue ? Personne, bien sûr. C'est pourquoi elles se dépersonnalisent, se défigurent, se couvrent en somme de banalité. Mais les voir la nuit… Pas une qui n'ait quelque chose à dire, une histoire à raconter… Même les bancs ! Même les grosses maisons cossues ! Et les églises ? Si vous croyez en Dieu, Dona Teresa, et voulez connaître véritablement le lieu où il demeure, allez regarder une église au petit jour. Allez-y et revenez en parler avec moi.

« Pension Centrale », in *Rua*,
traduit du portugais par Claire Cayron,

Il est cinq heures, Lisbonne s'éveille... même si la plupart des noctambules viennent à peine de réintégrer leur lit. Si l'on en croit Miguel Torga, la ville connaîtrait des petits matins glacés, alors que la température n'y descend que rarement en dessous de 10° C et que la neige y est inconnue. Mais, comme dans toutes les villes du Sud où, c'est bien connu, il ne fait jamais froid, le chauffage est à peu près absent des logements. Donc, au moindre rafraîchissement marqué, on gèle littéralement. Quand l'humidité pénétrante s'installe, il faut s'en protéger avec les moyens du bord : « Dans l'impossibilité de se chauffer, on tente de se réchauffer. [...] Bouillottes cylindriques en laiton, chaufferettes et braseros, électrifiés ou non : il faut s'être fait expliquer, pour les identifier, ces illusoires instruments de confort. Telle la table ronde, recouverte d'une lourde nappe, sous laquelle un brasero encastré réchauffe les membres gelés. [...] Et les marchands de marrons continuent d'attiser leurs braises avec du gros sel, en criant "*Quentes e boas !*" ("Chauds et bons !") », note Christian Auscher.

EÇA DE QUEIRÓS

Canotage sur le Tage

Roman peu connu de José Maria Eça de Queirós (1845-1900), publié quatre-vingts ans après la mort de son auteur, La tragédie de la rue des Fleurs *est une fine description naturaliste des mœurs de la bourgeoisie de Lisbonne dans les années 1870. Autant dire que l'escapade nocturne de Vitor et de Genoveva, loin d'amorcer une idylle, ne peut que déboucher sur un beau drame...*

La nuit était adorable. Il y avait un air tiède d'été, une sérénité suave. La pleine lune brillait comme de l'argent. Les rues avaient l'air mélancolique que provoque le contraste de l'ombre et du clair de lune. Genoveva voulut aller à pied. Ils avançaient doucement le long des rues. Deux boutiques répandaient encore leurs faibles lumières. Des gens se promenaient. Ici ou là, une femme voilée s'approchait, demandait l'aumône d'une voix lugubre. Les hautes façades, éclairées par le clair de lune, avaient un aspect abandonné.

Place do Loreto, en descendant vers la maison, Genoveva s'arrêta. Au bout de la rue do Alecrim, le fleuve chatoyait sous une grande tache de lune qui tremblait.

– Si nous allions faire un tour vers le fleuve ?

Ils descendirent le Quai do Sodré. Deux bateliers qui fumaient, assis sur un tas de pierres, affirmèrent que leur bateau était un régal :

– C'est pas cher, mon seigneur. Deux petites pièces. Je suis Manoto – dit l'un, qui était vieux, avec satisfaction. – *Speak english.*

– Il fait froid, dit Vitor.

Manoto protesta : « Froid ? La nuit était un vrai bijou. »

Peu après, assis dans la barque, ils s'éloignaient, à la cadence des rames, sur l'eau immobile.

– Quelle belle nuit ! dit Vitor.

La ville s'élevait, avec ses façades battues par le clair de lune. Les vitres étincelaient parfois comme des lames d'argent. Les becs de gaz faiblissaient sous l'abondance de la pâle lumière. Il y avait dans le silence de ces habitations, muettes et blanches, comme la tranquillité d'une contemplation d'extase. La pleine lune brillait d'une façon silencieuse et sereine. Une traînée étincelante courait, tremblotait sur l'eau, comme une tache ou un filigrane fluctuant. Tout le reste de l'eau prenait une vague nuance de bleu clair, qui, vers le large, s'éclaircissait encore, d'un éclat tranquille. Une brume lumineuse estompait l'horizon de l'autre rive. Les flancs des navires, les mâts, avaient comme un air effacé et léger.

Le silence des choses faisait qu'ils avançaient sans parler. Les rames frappaient en cadence les tolets en fer, et le murmure de l'eau, qui clapotait et éclaboussait, suivait doucement la barque. Ils étaient très proches l'un de l'autre, regardaient la lune. Genoveva, élevant la voix, fredonna doucement *Le Lac* de Lamartine :

Un soir, t'en souvient-il ? Nous voguions en silence

Vitor s'était souvent promené sur le fleuve auparavant, il avait vu la lune, et la tranquillité de l'eau claire.

Mais, comme si son amour donnait à la nature une expression plus forte, jamais les soirs de clair de lune, le Tage, ne lui avaient paru si beaux. Il avait passé le bras autour de la taille de Genoveva. Le contact de son paletot de soie épaisse lui donnait une sensation d'amoureuse élégance. Il lui venait à l'esprit des phrases de romans, des vers d'Alfred de Musset. La lune, frappant le visage de Genoveva, lui donnait une expression douce, d'une suavité poétique. Ses mains, bougeant sur les plis de sa robe, faisaient briller les pierres des anneaux. Et sa voix fraîche et basse, en chantant, provoquait chez Vitor une somnolence et une extase. Elle appuya légèrement sa tête sur l'épaule de Vitor, et il éprouva le désir d'aller ainsi, éternellement, dans l'ineffable suavité de cette langueur poétique. Elle finit par se taire, et serrés l'un contre l'autre, ils s'oublièrent dans une vague contemplation.

La tragédie de la rue des Fleurs,
traduit du portugais
par Jorge Sedas Nunes et Dominique Bussillet,
© Éditions Métailié, 1999.

Clair de lune et Lamartine, nous voguons en plein romantisme ! Cela donne furieusement envie de citer ici, en contrepoint, une navigation sur le Tage nettement plus agitée, dans ce passage de *Candide* où Voltaire se laisse aller à son ironie naturelle : « [...] les voiles étaient déchirées, les mâts brisés, le vaisseau entrouvert. Travaillait qui pouvait, personne ne s'entendait, personne ne commandait. L'anabaptiste aidait un peu à la manœuvre ; il était sur le tillac ; un matelot furieux le frappe rudement et l'étend sur les planches ; mais du coup qu'il lui donna il eut lui-même une si violente secousse qu'il tomba hors du vaisseau la tête la première. Il restait suspendu et accroché à une partie de mât rompue. Le bon Jacques court à son secours, l'aide à remonter, et de l'effort qu'il fit il est précipité dans la mer à la vue du matelot, qui le laissa périr, sans daigner seulement le regarder. Candide approche, voit son bienfaiteur qui reparaît un moment et qui est englouti pour jamais. Il veut se jeter après lui dans la mer ; le philosophe Pangloss l'en empêche, en lui prouvant que la rade de Lisbonne avait été formée tout exprès pour que cet anabaptiste s'y noyât. »

Pour ceux qui veulent découvrir plus paisiblement l'estuaire du Tage, des croisières touristiques de deux heures sont organisées par des sociétés comme Gray Line ou Transtejo (cette dernière gère aussi plusieurs lignes de ferries, notamment à destination de Cacilhas). Plus inattendu, un téléphérique traverse du nord au sud le Parque das Nações en longeant les rives du Tage.

JOÃO FRANCO

La traversée du Tage

Dans cette brève nouvelle à tonalité fantastique, João Franco retrace l'étrange histoire d'un aveugle qui traverserait les siècles, accompagné de son chien. Cet homme, qui aurait vécu jusqu'au 11 juillet 1986, habitait une cahute sur la colline de l'Almada, rive droite du Tage, accomplissant chaque jour la traversée de l'estuaire à bord d'un cacilheiro, cette traversée qui dure « le temps d'une cigarette ».

La sonnerie aiguë, qui indique le départ imminent du bateau et qui invite les voyageurs attardés sur le quai à monter rapidement dans l'embarcation, retentit en brisant le silence matinal rompu de temps en temps par le bruit des tasses qui se choquent sur une terrasse ou par le cri de quelque mouette en quête de miettes de pain. Les deux créatures s'engagèrent sur la passerelle et montèrent sur le petit pont arrière, l'unique place d'où, lorsqu'on traverse le fleuve, on peut s'imaginer, le temps d'une cigarette, qu'on le longe jusqu'à son embouchure et que l'on pénètre dans l'océan. La cigarette était l'horloge intérieure du voyage : l'homme l'allumait aux premiers mouvements du bateau, la fumait silencieusement, lentement, régulièrement, en songeant. Quand les doigts qui la tenaient éprouvaient les premières sensations de brûlure, il aspirait une dernière et forte bouffée de tabac chaud, et jetait le mégot par-dessus bord. Il savait qu'il était arrivé et qu'il devait se dégager de sa rêverie. À quoi songeait-il pendant ces voyages quotidiens, personne ne le savait. Les employés l'avaient remarqué depuis plusieurs années, toujours à la même place, toujours dans la même posture. Quelquefois pourtant, il parlait après avoir fumé les derniers brins de tabac, il semblait s'adresser à son chien et lui dire :

« Toi, tu ne pourras jamais comprendre, moi je me souviens. »

Puis il sortait.

À ce moment précis, il se redressa, tendit son corps, raidit ses jambes, lâcha la laisse du chien et se mit à marcher, ou plutôt à flâner le long du quai qui borde le Tage sur la berge de la colline d'Almada. Là, il écoutait ; son visage restait immobile, mais sa bouche s'ouvrait, parfois ses oreilles frétillaient : il entendait. Mélodie lointaine, tout se confondait. La musique que jouent les coques des bateaux en caressant les murets de pierres, pareille aux chants chinois, le grincement des cordes d'amarrage qui impriment dans l'atmosphère le rythme du flux et du reflux, le son de quelques vagues qui laissent un effet ondulatoire à chaque pas. Quiconque marche sur ce quai ne peut pas ne pas sentir le sol tanguer : l'homme le savait parfaitement. Il restait ainsi un long moment, attendant une saturation. Puis, comme par magie, quelques sons sortaient de sa gorge. D'abord des sons inarticulés, rauques, sans consistance. Peu à peu, la voix s'affinait, s'éclaircissait, se rajeunissait ; les sons se transformaient en mots, les mots en phrases, les phrases en vers. Il chantait.

Le 11 janvier 1986,
traduit du portugais par Raoul Migrod,

Jusqu'en 1966 et l'ouverture du Ponte 25 de Abril (pont du 25-Avril, ancien pont Salazar), les deux rives du Tage n'étaient reliées que par bateau. Long de 2 300 m, ce pont suspendu, qui fut longtemps le plus long d'Europe livre passage à la route, et, depuis 1999, à la voie ferrée. Plus récemment, un deuxième pont routier, le pont Vasco-de-Gama, long de 18 km, traverse le Tage à l'est de Lisbonne. Enfin, un nouveau pont, qui serait celui-ci exclusivement ferroviaire, est en projet. Malgré tout, les ferries de la Soflusa, à destination de Barreiro, sur la rive sud, continuent leurs lentes navettes et assurent les correspondances avec les trains desservant le sud du pays – mais pour combien de temps encore ?
Les bacs orange et blanc de la Transtejo desservent, eux, la localité de Cacilhas, d'où leur surnom de *cacilheiros*. Dix minutes de traversée suffisent pour rejoindre cette banlieue réputée pour ses restaurants de fruits de mer en bordure du port. Pour une somme modique, on peut ainsi s'offrir l'illusion de partir en croisière et, au retour, découvrir Lisbonne comme le voyaient les navigateurs.
Cette promenade permet aussi de découvrir de plus près l'étonnant Christ géant qui, de nuit, semble, dans le faisceau des projecteurs, flotter sur les eaux du Tage. Cette copie du Christ du Corcovado à Rio de Janeiro fut érigée en 1959 pour remercier Dieu d'avoir épargné à Lisbonne les horreurs de la Deuxième Guerre mondiale (le pays était alors en pleine bigoterie salazariste). Dans le socle, un ascenseur permet d'atteindre une terrasse, d'où la vue est indiscutablement superbe sur la ville et sa rade, et où l'on peut enfin oublier un peu cette statue obsédante.

ANTÓNIO LOBO ANTUNES

Rêverie autour d'un jardin public

Dans un Portugal en pleine déliquescence où flotte le fantôme pesant d'un Salazar dont on ignore en fait s'il est vivant ou mort, le narrateur, psychiatre, flotte à la dérive, ne sachant plus très bien s'il fait partie des médecins ou des malades, et de quel côté des grilles de l'asile se trouvent les aliénés. Au fil de ses errances nocturnes, seule manière de conjurer son mal-être et d'entrevoir un avenir, il se laisse aller à l'évocation ironique du Lisbonne de son enfance.

Oh *darkness darkness darkness* : nuit informe ici, ruisselant des maisons du rez-de-chaussée, de l'asphalte, des lacs, des haies de buis, du silence immobile du fleuve, des coffres et des commodes dans les couloirs des vieilles maisons remplies de la garde-robe des morts : le médecin atteignit l'avenue Defensores-de-Chaves et conduisit lentement dans l'espoir insensé que le temps passerait très vite et qu'il se retrouverait trois pâtés de maisons plus loin, quadragénaire et heureux, dans une villa d'Estoril, entouré de lévriers à pedigree, de beaux livres reliés et d'enfants blonds, parce que ce qui l'attendait était une tristesse inquiète, agitée, dont il ne voyait pas la fin, si fin il y avait. Normalement, il avait l'habitude de combattre ces états d'âme en passant d'un hôtel à l'autre (du *Rex* à l'*Impala*, de l'*Impala* au *Penta*, du

Penta à l'*Impala)* et en subissant, le matin, le choc bizarre de se réveiller dans une chambre impersonnelle et inconnue, de s'approcher de la fenêtre et de voir tout en bas la ville habituelle, la circulation habituelle, les gens habituels, et moi devenu apatride dans mon propre pays, me lavant les aisselles avec un échantillon de savonnette « Feno de Portugal », offerte par la direction, et laissant les clés à la réception avec une fausse désinvolture de vacancier.

Le psychiatre tourna autour de la place José-Fontana où, pour la première fois, en sortant du lycée, il avait vu deux chiens en train de faire l'amour poursuivis par la terrible colère puritaine de la vendeuse de marrons qui, en été, conduisait un tricycle de glaces, faisant preuve ainsi de la faculté d'adaptation enviable des hommes politiques nationaux; durant sept ans, il était passé tous les jours au milieu des arbres de ce jardin peuplé à doses égales de retraités et d'enfants, dont l'urinoir souterrain situé sous le kiosque à musique était gardé par un cerbère municipal, cuvant, depuis l'aurore, les vapeurs titubantes d'une ivresse chronique : le médecin l'imaginait toujours secrètement marié avec la femme des marrons et des glaces, à laquelle il s'unissait dans un bruit de ventouse à l'approche du crépuscule, mélangeant les éructations de l'alcool avec l'haleine polaire de la vanille, dans la chambre nuptiale des toilettes décorées par des dessins explicatifs, de même que les écriteaux des postes de secours indiquent les péripéties du bouche-à-bouche. Un homosexuel âgé, aux joues maquillées, se promenait entre les bancs, observant les élèves avec des regards de bonbon gluant. Et un monsieur digne muni d'un porte-documents, installé à côté de la fontaine, vendait des photographies pornographiques avec l'esprit missionnaire de celui qui fourgue à la sortie des églises des petites images pieuses aux enfants qui viennent de faire leur première communion.

Mémoire d'éléphant,
traduit du portugais
par Violante do Canto et Yves Coleman,
© Éditions Christian Bourgois, 1998.

Une fois encore, un peu de topographie lisboète : la place José-Fontana se trouve à 800 m environ au nord-est de la place Marquês de Pombal, le carrefour névralgique des grandes avenues de la ville du XIXe siècle. Dans une ville où les espaces verts publics sont assez rares, la place José-Fontana et son jardin triangulaire ne pouvait qu'être le rendez-vous préféré de tout le quartier.
Parmi les principaux parcs du centre-ville, le parc Eduardo VII occupe 3,5 hectares au nord de la place Marquês de Pombal. Ouvert en 1902 en l'honneur du souverain britannique, il a paradoxalement été traité en jardin à la française… Il est surtout connu pour sa serre froide (Estufa Fria) qui présente, sur un demi-hectare, une extraordinaire forêt de fleurs et de plantes tropicales, et pour le beau point de vue offert sur la Baixa et le Tage.
À l'ouest de la ville, le Parque forestal de Monsanto (parc forestier de Monsanto), créé en 1934, constitue le véritable poumon vert de Lisbonne. Planté d'eucalyptus, de pins et de chênes, très accidenté, il s'étend sur plus de 1 000 ha. Malheureusement, il est traversé par l'autoroute de Cascais, amputé à l'ouest et à l'est par deux échangeurs, et ses allées sont ouvertes à la circulation automobile. De plus, vu son immensité, certaines zones sont laissées à l'abandon. Cependant, il recèle un trésor dans sa partie nord : le palais du marquis de Fronteira (Palacio

Marquês da Fronteira), ancien pavillon de chasse du XVIIe siècle entièrement décoré d'admirables azulejos. On peut voir à proximité la partie la plus spectaculaire de l'immense aqueduc das Aguas Livres (des eaux vives), long d'une soixantaine de kilomètres, construit entre 1729 et 1749 pour alimenter Lisbonne en eau potable, et qui résista au tremblement de terre. À cet endroit, ses hautes arcades traversent la vallée d'Alcântara, et ses piles sont recouvertes d'azulejos.
Naturellement, Lisbonne compte bien d'autres jardins aussi charmants que secrets, mais plutôt que d'en dresser ici l'inventaire, nous vous laissons le soin de les découvrir au fil des promenades…

JOSÉ SARAMAGO

Le carnaval

Brésilien d'adoption mais amoureux de ces deux villes aux saisons inversées, Ricardo Reis ne peut s'empêcher de comparer à celui de Rio le carnaval de Lisbonne, moins spectaculaire, moins exubérant, plus truculent et grivois. Et, surtout, très arrosé – pas seulement par la pluie qui tombe dru cette année-là.

Notre carnaval portugais est bien différent. Là-bas dans les terres d'outre-mer et de Cabral où chante le sabia[1], et où brille la Croix du Sud, sous le ciel glorieux, dans la chaleur qui accable, même par temps couvert, les écoles de samba descendent l'avenue en dansant, couvertes de verroteries pareilles à des diamants, de paillettes qui scintillent comme des pierres précieuses, de tissus qui ne sont sans doute ni de la soie ni du satin mais qui couvrent et découvrent les corps de la même façon, et les plumes et les aigrettes d'aras, d'oiseaux de paradis, de coqs de bruyère ondulent sur les têtes, et la samba, la samba, ce tremblement de l'âme, Ricardo Reis, homme pourtant réservé, a plus d'une fois senti au-dedans de lui des tumultes dionysiaques aussitôt réprimés, et c'est uniquement par peur de son corps

1. Sabia : oiseau du Brésil et référence à un vers de Castro Alves, poète brésilien.

qu'il a refusé de plonger à son tour dans le tourbillon, on sait comment ces choses-là commencent, jamais comment elles finissent. À Lisbonne, on ne court pas de tels dangers. Le ciel est égal à lui-même, pluvieux, mais pas assez pour empêcher le corso de défiler, et le voici qui descend l'avenida da Liberdade entre des haies de pauvres gens venus des quartiers dont nous avons déjà parlé. Il y a des chaises pour ceux qui peuvent les louer, mais pas beaucoup de clients, elles sont trempées, on peut même en faire une farce digne du carnaval, assieds-toi ici, à côté de moi, Oh je suis toute mouillée. Les voitures couvertes de gribouillages, décorées, grincent, oscillent, perchés tout en haut des gens rient sous leurs masques grimaçants, ils lancent parcimonieusement vers le public des serpentins, de petits sacs de maïs et de haricots qui blessent quand on les reçoit, et que le public renvoie avec un enthousiasme triste. Des voitures passent, découvertes, avec à l'intérieur des stocks de parapluies, des demoiselles et des messieurs qui saluent en se jetant des confettis. Dans la foule aussi on s'amuse, une jeune fille contemple le défilé, tandis que derrière elle un garçon surgit, la main pleine de confettis qu'il lui plaque sur la bouche en frottant frénétiquement, et il profite de sa surprise pour la peloter là où il peut, tandis qu'elle se met à tousser, à crachoter, et qu'il s'éloigne en riant, ce sont des manières de courtiser à la portugaise, certains mariages ont commencé ainsi et ce sont des mariages heureux. On se sert de poires pour lancer de petits jets d'eau dans le cou ou à la figure des gens, on appelle ça des lance-parfums, et ce nom est bien tout ce qui reste de l'époque où l'on s'en servait pour les douces violences de salons, par la suite ils sont descendus dans la rue, et l'on doit s'estimer heureux quand l'eau est propre et ne vient pas des égouts, ce qui s'est déjà vu. La médiocrité du défilé a vite lassé Ricardo Reis, il est pourtant resté jusqu'à la fin, n'ayant rien de mieux à faire. Il a bruiné par deux fois, à un moment donné la pluie est tombée dru, et dire que certains chantent les louanges du climat portugais, pourquoi pas après tout, mais en période de carnaval ce temps-là ne vaut rien. À la tombée du jour, le défilé terminé, il y a eu une éclaircie, il était déjà tard, les voitures et les chars sont partis vers leur destin, ils sècheront jusqu'à mardi, puis on retouchera les peintures délavées, on récupérera les guirlandes, quant aux gens masqués, tignasses et vêtements dégoulinants, ils vont continuer la fête à travers les rues et les places, les ruelles et les traverses, et jusque dans les cages d'escalier, où ils vont faire ce qu'on ne peut confesser ni pratiquer en plein jour, c'est comme ça que ça se passe quand il y a urgence et qu'on est fauché, la chair est faible, on a bien bu, les cendres et l'oubli, ce sera pour mercredi.

L'année de la mort de Ricardo Reis,
traduit du portugais par Claude Fages,
© Éditions du Seuil, 1988.

À Lisbonne, le carnaval du Mardi gras est traditionnellement précédé de trois jours de festivités qui sont prétexte à d'amples beuveries. Mais c'est loin d'être la seule fête de l'année, et le Portugal est le pays d'Europe qui compte le plus de jours fériés. Outres les dates et les occasions que nous connaissons partout – Noël, nouvel an, Pâques, les fêtes nationales… – Lisbonne a institué quelques jours fériées supplémentaires, comme la Saint-Antoine, le 13 juin, fête populaire où les habitants des quartiers se rassemblent autour de braseros où l'on fait griller des sardines et du lard pour manger, boire, chanter et danser. Et si l'on ne peut être présent à Lisbonne ce jour-là, ce n'est pas grave : les festivités durent toute la semaine. De toute manière, la municipalité a décrété que la totalité du mois de juin est consacrée à une immense fête de la ville, où se succèdent spectacles de rue, numéros de cirque, jeux, manifestations sportives, courses de taureaux, feux d'artifice... Et ce n'est pas tout : les deux dernières semaines d'août voient se dérouler un nouveau festival, le Festival dos Océanos (des océans), consacré à la navigation sportive et de plaisance, mais aussi à des spectacles, des concerts et une foire gastronomique. Tous les week-ends de juillet à septembre, le festival BaixAnima fait résonner de musique et de spectacle les rues de la Baixa. Les deux première semaines de novembre, le Festival do Vinho (du vin) porte bien son nom. Et bien d'autres festivals à tonalité plus nettement culturelle (Journées de la musique contemporaine, Jazz en août, Journées de la musique ancienne, Festival do Fado, festivals de théâtre, de cinéma...) prennent place tout au long de l'année. Parmi ces manifestations, la Fête du Livre, entre mi-mai et mi-juin, se distingue par son organisation originale : les éditeurs s'installent dans de petites cabanes disséminées dans les allées du parc Eduardo VII, et proposent aux lecteurs des rencontres informelles avec les auteurs.

Enfin, la ville de Lisbonne a inventé le jour férié qui ne correspond à rien : le 8 décembre. Théoriquement fête de l'Immaculée Conception, mais déconnectée de toute manifestation religieuse, cette journée chômée (sauf pour les commerçants) a été instituée pour permettre aux Lisboètes d'effectuer tranquillement leurs achats de Noël.

VERGÍLIO FERREIRA

Sérénade nocturne

Quinquagénaire, le narrateur ne cesse d'osciller entre la réalité de sa vie actuelle – profession bien installée, mariage paisible avec Ángela – et le souvenir de sa vie étudiante et surtout d'une certaine Bárbara, insaisissable et passionnément aimée. Insatisfait, fantasmant sur l'existence qu'il aurait pu mener si..., il se plonge dans d'interminables rêveries où il ressasse les moments les plus fous de sa jeunesse enfuie.

Nous sommes sortis tous les trois de la maison de Jardim qui surplombe l'avenue, moi, lui et Caruso, qui avait une voix sidérale mais jouait aussi de la guitare. Jardim jouait aussi de la guitare, portugaise ou autre, mais comme il appartient à la condition humaine qui n'aspire qu'à ce qu'elle n'a pas, ce qu'il voulait c'était chanter de sa voix de fausset. Nous transportions nos instruments sous nos capes et tout était nuit à la minuit, sauf nos visages blafards qui sentaient la trahison. C'était une nuit de mai déjà chaude et douce et parfumée comme son nom, nous montions vers la rua de São João, mais à l'Arco do Bispo nous avons pris vers le largo da Feira. Les examens étaient proches, Bárbara travaillait avec une camarade, parfois elle dormait chez elle pour des révisions nocturnes. Nous nous sommes assis sur les marches de la cathédrale et tout l'espace désert et faiblement éclairé s'égrène dans ma mémoire comme notre plaintive musique. Et au premier accord de la guitare toute la nuit a oscillé. La nuit, l'espace silencieux de la place. Il y avait en eux une guitare cachée, mes doigts en faisaient vibrer les cordes. Mélodie apaisante, qui me rappelle un moment venu de l'autre côté de la mémoire, de l'inintelligible que je n'ose déchiffrer. Tout autour de la place les maisons s'endormaient. Je savais que celle de la camarade de Bárbara était l'une des premières, assez nettement avant l'école primaire, mais je ne savais pas laquelle c'était pour que la ballade puisse frapper à sa vitre et qu'elle alors l'éclaire. Parce que ce serait le signal qu'elle écoutait comme c'était établi de tout temps. Moi je jouais et je regardais, pour voir si une fenêtre allait s'allumer, mais tout était pétrifié dans la nuit et sur la place il ne passait personne. Le ciel était limpide étoilé, Dieu devait nous entendre. Je jouais avec fièvre une ballade crispée sur ma guitare et je pensais sans penser elle m'entend, elle va éclairer sa fenêtre, les étoiles dans le ciel frissonnent, du fond de son sommeil elle écoute. Je sentais une vibration dans l'espace désert de la place, il fallait qu'elle entende ma supplique. Comme dans un temple, la prière n'est pas ce qu'on dit mais l'émotion de le dire, le frémissement qui l'intensifie comme les pleurs de celui qui mendie. M'entendre. Me dire je t'entends du fond de mon être. J'irai peut-être te rejoindre, nous marcherons tous deux d'étoile en étoile jusqu'à l'épuisement du ciel. Et nous triompherons du temps et de la mort. J'entends cette ballade dans l'éternité et je suis ici à t'attendre. Nous sommes assis sur les marches de la cathédrale. La façade est éclairée pâle, les saints dans leur niche écoutent. Toute la place est ceinte d'un ruban de maisons, au fond, en face de la cathédrale, l'imposante masse de la préfecture et à côté il y a une fontaine avec un palmier déployé aux grandes branches. Bárbara va peut-être descendre de chez elle pour s'asseoir à côté de nous. Ou elle ouvrira sa fenêtre, elle me dira joue encore, ne renonce pas, ne renonce pas si vite. Ou elle criera seulement mon nom dans l'ombre – Daniel ! Et elle refermera aussitôt la fenêtre parce qu'elle aura tout dit et je le saurai par un bref frémissement qui n'existe pas sur les cordes de la guitare. C'est alors que Caruso a chanté. « Donne-moi tes yeux profonds et le monde peut disparaître. » C'était une voix puissante excessive pour mon émotion. Et subitement toutes les fenêtres se sont éclairées, même celle de la prison de la préfecture.

Ton visage,
traduit du portugais par Marie-Hélène Piwnik,

Indiscutablement, Lisbonne est une ville de couche-tard. Ici, les nuits blanches ne sous-entendent aucune forme de marginalité, être noctambule est la norme, à tel point qu'un Lisboète bien organisé s'accorde une petite sieste après le dîner afin de rester en forme le plus longtemps possible (jusqu'à 4 ou 5 heures du matin, voire 7 heures le week-end). Et il n'est pas obligatoire de se rendre en discothèque pour finir la nuit : nombre de bars, en particulier dans le Bairro Alto, observent les mêmes horaires. De toute façon, rares sont les établissements qui ferment avant 2 heures du matin.
Évidemment, nous ne donnerons pas ici de liste d'établissements, car les lieux à la mode changent à une

vitesse vertigineuse, mais quelques quartiers se distinguent pour leur animation nocturne : le Bairro Alto, déjà cité, le Chiado, les docks d'Alcântara et de Santo Amaro et, dans leur prolongement, l'avenue 24 de Julho. Tout proche, le quartier de Cais do Sodré, malgré sa mauvaise réputation, recèle quelques bars à bière à l'ambiance très « british ».

PETIT LEXIQUE DE LISBONNE

Ce petit lexique rassemble et explicite quelques termes qui tantôt surgissent au fil des textes et de leurs commentaires, tantôt n'y figurent pas, mais sont néanmoins indispensables pour mieux comprendre et ressentir Lisbonne.

Azulejos : carreaux de faïence décorés omniprésents à Lisbonne, apparus à la fin du XVIe siècle et toujours très utilisés en décoration, notamment pour les stations du nouveau métro. Même si les motifs sont majoritairement bleu et blanc, leur nom ne vient pas du mot *azul* (bleu), mais plutôt de l'arabe *al zulaycha* (pierre polie). Le répertoire des décors est à peu près infini : scènes champêtres, mythologiques, religieuses ou de batailles, paysages ruraux et urbains, personnages célèbres, motifs géométriques ou abstraits... Le Museu Nacional do Azulejo (musée national des azulejos) expose des milliers de pièces depuis le XVe siècle jusqu'à aujourd'hui, dont la boutique du musée propose de très belles reproductions.

Bacalhau : désigne la morue salée, l'aliment national portugais, que l'on peut, dit-on, accommoder selon 365 recettes différentes, une pour chaque jour de l'année – ce qui lui a valu le surnom de *fiel amigo* (l'ami fidèle). Traditionnellement, un plat de morue s'accompagne toujours d'un bon vin rouge.

Calçada : littéralement, la « chaussée ». Ce terme désigne les mosaïques de pavés blancs et noirs qui recouvrent traditionnellement les trottoirs et les places, dessinant d'amples motifs. Ceux qui ornaient le Rossio lui avaient valu le surnom de « place qui ondule ». Longtemps négligés, puis victimes de multiples travaux de terrassement, ces pavages sont en cours de reconstitution.

Ginginha : la recette de cette liqueur de cerise aurait, comme tant d'autres, été mise au point par un moine. Les cerises (de préférence des griottes) sont mises à macérer dans de l'eau-de-vie, puis additionnées de sucre et d'eau et aromatisées avec de la cannelle. Bien entendu, la recette exacte est tenue secrète, mais chaque fabricant prétend détenir la meilleure.

Gulbenkian (Calouste) : arménien d'origine, il naquit à Istanbul en 1869. Rapidement, il amassa une fortune colossale dans les pétroles irakiens (il était surnommé « Monsieur 5 % » en raison de la commission qu'il prélevait sur chaque baril). Bien que de nationalité anglaise, il choisit de s'installer au Portugal en 1942, où il mourut en 1955. Très tôt, il décida de consacrer sa fortune au mécénat, créant une fondation qui est aujourd'hui, entre autres activités, le moteur de la culture portugaise.

Manuélin : désigne l'art développé sous le règne du roi Manuel Ier. Situé entre le gothique finissant et la Renaissance italienne, il se caractérise, à l'instar du style plateresque espagnol, par une surabondance décorative.

Noms (de rues, de places...) : les principales rues et places de Lisbonne ont bien souvent deux noms : le nom officiel et le nom usuel. L'exemple le plus célèbre est celui du Rossio, en fait Praça Dom Pedro IV, mais il en va de même de l'avenida 24 de Julho (avenue du 24 juillet), plus connue sous le nom de Marginale, ou encore de la Praça do Comercio (place du Commerce), que les Lisboètes persistent à appeler Terreiro do Paço (esplanade du Palais), alors que celui-ci a disparu en 1755, détruit par le tremblement de terre.

Pessoa (Fernando) : né et mort à Lisbonne (1888-1935), il vécut dans sa jeunesse en Afrique du Sud, où il apprit l'anglais, et fréquenta l'université du Cap. De retour dans sa ville natale en 1905, il s'y fixa définitivement et commença à fréquenter les cercles littéraires d'avant-garde, évoluant vers un anticonformisme de plus en plus radical. La plus grande partie de son œuvre ne fut pas écrite sous son nom, mais sous divers hétéronymes dotés chacun d'une personnalité et d'une véritable biographie, écrivant pour certains directement en anglais ou en français. Pessoa publia peu pendant son existence, et presque uniquement dans des revues comme *Orpheu* et *Portugal futurista*, vivant très banalement de sa profession d'agent commercial. Ce n'est qu'à partir de 1942 que son œuvre, dont une part importante est encore inédite, commença à être publiée en volumes, avec un retentissement considérable. Fernando Pessoa est désormais considéré comme le grand écrivain portugais du XXe siècle, et l'un des plus importants de toute la littérature portugaise.

Pombal (marquis de) : Sebastião José de Carvalho et Melo, marquis de Pombal (1699-1782), diplomate, puis ministre et enfin Premier ministre du roi Joseph Ier, est surtout connu pour avoir pris en main la reconstruction de Lisbonne après le tremblement de terre de 1755. Mais ce « Richelieu mâtiné de Haussmann » fut aussi un réformateur de l'administration et de l'armée, et développa l'agriculture, l'industrie et le commerce. Résolument anticlérical, il décida l'expulsion des jésuites en 1759. Son autoritarisme croissant lui valut d'être renvoyé en 1777 par Marie Ire de Bragance.

Rossio : officiellement baptisée « Praça Dom Pedro IV », la place a gardé son nom médiéval de Rossio. Autrefois s'y déroulaient foires, corridas, et marchés aux bestiaux. Au Moyen Âge, on y proclamait les autodafés. Elle est aujourd'hui, avec la Praça da Figueira mitoyenne, le point de convergence des lignes de transports urbains, et ses trottoirs sont en permanence envahis par les camelots, les vendeurs de billets de loterie, les marchandes de fleurs, les cireurs de chaussures. Le Rossio est orné de deux fontaines baroques venues de France et d'une colonne surmontée par la statue de Dom Pedro IV, également premier empereur du Brésil sous le nom de Pedro Ier. Il s'agirait en fait d'une représentation de Maximilien d'Autriche, empereur de Mexique, exécuté alors que le navire qui transportait sa statue vers Mexico faisait escale à Lisbonne. Désormais sans objet, cette statue aurait alors remplacé celle de Dom Pedro, jugée trop grossière.

Saudade : terme intraduisible avec précision, forme de nostalgie « entre le plaisir de l'absence et la tristesse de l'éloignement ». Camões décrivait cet état d'âme comme « un mal qui fait du bien, un bien qui fait du mal ». Le fado est la traduction musicale de ce sentiment propre aux Portugais.

Tourada : la corrida à la portugaise, dont le but est d'arrêter le taureau à main nue en lui bloquant la tête. Pour la sécurité des *forcados* qui combattent l'animal, les cornes sont revêtues de cuir ou coiffées de boules de métal. Depuis un décret du marquis de Pombal, la mise à mort du taureau dans l'arène est interdite, mais il faut bien dire, au risque de décevoir les amis des animaux, qu'il est le plus souvent abattu à l'issue de la course pour se retrouver quelques heures plus tard à l'étal des bouchers.

Tremblement de terre : le grand tremblement de terre de Lisbonne survint le 1er novembre 1755, jour de la Toussaint, à 9 h 30, alors que les églises étaient bondées de fidèles réunis pour la grand-messe. Après trois secousses successives particulièrement violentes, ce qui restait de Lisbonne fut simultanément ravagé par un incendie qui dévasta la ville haute et par un gigantesque raz-de-marée qui emporta la ville basse. Sur 270 000 habitants, le bilan officiel fut de 13 000 morts, mais le chiffre de 40 000 à 50 000 victimes quelquefois avancé est peut-être plus proche de la réalité. Voltaire, très affecté par cette catastrophe, a alors écrit son *Poème sur le désastre de Lisbonne*, puis l'a relatée dans *Candide*.

RENSEIGNEMENTS PRATIQUES

Comment s'y rendre

– EN AVION : plusieurs vols quotidiens au départ de Paris, Lyon, Marseille, Bordeaux, Toulouse, Brest (via Paris), Bruxelles et Genève. Tous les vols rejoignent l'aéroport de Portela de Sacavém, situé à 6 km au nord-est de Lisbonne. L'aéroport est relié à la ville par des navettes de bus, 3 lignes de bus urbains, taxis (rapides et bon marché).

– EN TRAIN : en raison de la différence d'écartement des rails, les réseaux ferroviaires français et espagnol ne sont pas reliés. Le changement à la frontière espagnole est donc obligatoire. Desserte quotidienne par TGV au départ de Paris et correspondance à Hendaye ou Irún par train de nuit pour Lisbonne. Les trains internationaux arrivent en gare de Santa Apolónia, au cœur de la ville.

– EN BUS : des lignes internationales longue distance relient Paris à Lisbonne (les tarifs et les temps de trajets sont un peu supérieurs à ceux du train).

– EN VOITURE : Lisbonne est relié au réseau autoroutier espagnol, lui-même relié au réseau français. Comme en France et en Espagne, le péage est de rigueur. Attention, dans Lisbonne la circulation est très difficile (rues étroites, multiples sens uniques) et le stationnement quasi impossible.

Se déplacer

– TRANSPORTS URBAINS : 4 lignes de métro, très modernes, desservent les axes principaux. Ce réseau est complété par de nombreuses lignes de bus et de tramways (les *eléctricos*), et 4 *elevadores* (en fait 3 funiculaires et un ascenseur). Des ferries (*cacilheiros*) font la navette entre les deux rives du Tage, également reliées par une nouvelle liaison ferroviaire et des bateaux-taxis. La Carris, qui gère les transports publics à l'exception des ferries, proposent de nombreuses formules de forfait. La plus intéressante pour les visiteurs est la Lisboacard, qui permet de circuler librement sur tout le réseau Carris, d'entrer gratuitement dans 25 des principaux musées de la ville et de la région et de bénéficier de réductions importantes dans de nombreux autres.

Lisbonne propose aussi d'autres moyens de transport plus touristiques : parcours spéciaux en bus et tramways (*eléctricos de turismo*), et mini-croisières de découverte du port et du fleuve.

Les taxis, nombreux, sont bon marché.

Où séjourner

Le parc hôtelier de Lisbonne est important. La réservation est toutefois conseillée en haute saison ou lors des fêtes. Comme partout, les tarifs fluctuent en fonction de la saison. Les grandes chaînes internationales hôtelières (Ritz, Sheraton, Holiday Inn, Radisson, Méridien, Novotel, Ibis...), aux prestations sans surprises, sont ici présentes comme dans toutes les autres capitales du monde, et les hôtels de charme sont nombreux. Dans l'ensemble, l'hôtellerie est assez chère, mais il existe cependant d'autres formules de logement plus originales et plus économiques, comme les hôtels-appartements et surtout les *pensões*, pensions de famille où l'on peut encore se loger à l'année. Ces pensions agréables et conviviales sont très demandées, et mieux vaut systématiquement réserver.

Où manger, où prendre un verre

Que les choses soient claires : à Lisbonne, on ne connaît que la cuisine portugaise la plus orthodoxe, à l'exception de quelques chefs tentés par l'invention d'une « nouvelle cuisine », qui utilise tout de même les ingrédients traditionnels.

Si les bonnes (et très bonnes) tables ne manquent pas (comme le Conventual, le Mercado Santa Clara ou le Bacalhau de Molho – liste non limitative), les petits restaurants bon marché sont encore légion, où l'on ne prépare que des produits du marché achetés le matin même. Et, dans l'ensemble, la restauration n'est pas très onéreuse – mais les délicieux petits hors-d'œuvre apportés une fois la commande prise sont facturés à part : surprises possibles !

Presque partout, les portions sont pantagruéliques, mais il est souvent possible de ne commander qu'une demi-portion (*meia dose*).

Les horaires des repas sont plus proches de ceux pratiqués en France qu'en Espagne voisine : le déjeuner se prend entre 12 heures et 14 h 30 et le dîner à partir de 20 h 30. En revanche, l'animation nocturne est permanente. Les très beaux cafés anciens, tels A Brasileira, le Pavilhão Chinès, le Procópio ou le British Bar (spécialisé dans les bières belges comme son nom ne l'indique pas) ne ferment que vers 2 ou 3 heures du matin. Cependant, la majorité n'ouvrent que tardivement (vers 18 heures, voire 21 heures). D'innombrables petits bars où l'on chante le fado ouvrent – et ferment – encore plus tard. Ensuite, les discothèques et les boîtes de nuit prennent le relais jusqu'à l'aube.

À voir

Lisbonne est avant tout une ville où l'on flâne dans les quartiers historiques, à la découverte du détail pittoresque, du panorama qui se dévoile soudain sur les toits et le Tage. Quelques lieux et monuments sont tout de même à voir absolument :

– la cathédrale (Sé Patriarcal), le plus ancien monument de la ville ;

– le Museu Nacional do Azulejo, pour tout savoir sur ces

carreaux de faïence qui décorent la plupart des édifices du pays;

– l'église et le couvent Madre de Deus, dans un style baroque somptueux;

– le Museu Calouste Gulbenkian, avec 6 000 œuvres d'art exceptionnelles;

– le Museu Nacional de Arte Antiga, le plus riche du Portugal;

– le Mosteiro dos Jerónimos (monastère des Hiéronymites), chef-d'œuvre de l'architecture manuéline;

– la tour de Belém, le monument le plus emblématique de la ville;

– et aussi le quartier du Chiado, en cours de reconstruction après l'incendie dramatique de 1988, ou le Museu da Marinha (musée maritime), pour sa collection exceptionnelle de maquettes.

Pour plus de renseignements, s'adresser à l'Office de tourisme du Portugal, 135, boulevard Haussmann, 75008 Paris, tél. 01 56 88 30 80 (minitel 3615 Portugal).

Ces indications pratiques, ainsi que de nombreuses informations figurant dans les commentaires, sont reprises des guides suivants :

– Guide *Lisbonne*, Bibliothèque du Voyageur/Gallimard;

– Guide Aller & Retour Gallimard *Lisbonne*;

– Cartoville Gallimard *Lisbonne.*

Dans la même collection

1995

Andersen, Hans Christian, *Le compagnon de voyage.*
Arnim, Achim von, *Les héritiers du Majorat.*
Basile, Giambattista, *La chatte Cendrillonne.*
Cabrera, Lydia, *Bregantino Bregantin.*
Diderot, Denis, *Ceci n'est pas un conte.*
Hoffmann, E.T.A., *Conte véridique.*
Lubert, Mlle de, *La princesse Camion.*
Luzel, F.M., *Le chat noir.*
Walpole, Horace, *Contes hiéroglyphiques.*

1996

Deffand, Mme du, *À Horace Walpole.*
Genlis, Mme de, *De l'esprit des étiquettes de l'ancienne cour et des usages du monde de ce temps.*
Lespinasse, Julie de, *Mon ami je vous aime.*
Margrave de Bayreuth, La, *Une enfance à la cour de Prusse.*
Marie-Thérèse d'Autriche, *Madame ma chère fille.*
Roland, Mme, *Lettres à une amie d'enfance.*
Staal-Delaunay, Mme de, *Mémoires de jeunesse.*
Staël, Mme de, *Réflexions sur le procès de la reine par une femme.*
Tencin, Mme de, *Mémoires du comte de Comminge.*

Dumas, Alexandre, *À propos de l'art dramatique.*
Dumas, Alexandre, *Blanche de Beaulieu.*
Dumas, Alexandre, *Delacroix.*
Dumas, Alexandre, *Herminie.*
Dumas, Alexandre, *Histoire d'un lézard.*
Dumas, Alexandre, *L'invitation à la valse.*
Dumas, Alexandre, *Le pays natal.*
Dumas, Alexandre, *Lettres sur la cuisine à un prétendu gourmand napolitain.*
Dumas, Alexandre, *Mes infortunes de garde national.*

1997

Champfleury, *Le chien des musiciens.*
Fabre, Jean-Henri, *Sur le Ventoux. L'Ammophile hérissée.*
Loti, Pierre, *Vies de deux chattes.*
Michelet, Jules, *Le rossignol.*
Tolstoï, Léon, *Le cheval.*
Tourguéniev, Ivan, *Moumou.*

Brentano, Clemens, *Histoire du brave Gaspard et de la belle Annette.*
Grimm, Jacob et Wilhelm, *Les deux frères.*
Kleist, Heinrich von, *Le duel.*
La Motte-Fouqué, Frédéric de, *La Mandragore.*
Novalis, *Journal intime.*
Tieck, Ludwig, *La coupe d'or.*

Allais, Alphonse, *Le chambardoscope.*
Dubillard, Roland, *Si Camille me voyait...*
Fénéon, Félix, *Nouvelles en trois lignes,* t. 1.
Renard, Jules, *La lanterne sourde.*
Swift, Jonathan, *Instructions aux domestiques.*
Twain, Mark, *Le meurtre de Jules César en fait divers.*

1998

Dolto, Françoise, *Parler de la mort.*
Dolto, Françoise, *L'enfant dans la ville.*
Dolto, Françoise, *L'enfant et la fête.*

Capote, Truman, *L'invité d'un jour.*
Faulkner, William, *Évangeline.*
Hemingway, Ernest, *La grande rivière au cœur double.*

Recettes littéraires
- I. Hors-d'œuvre froids et chauds, potages.
- II. Œufs, pâtes, apprêts de légumes.
- III. Crustacés, poissons de rivière et de mer.
- IV. Gibiers, volailles, viandes.
- V. Pâtisseries, entremets, confiseries.
- VI. Cocktails, boissons chaudes et fraîches.

Fénéon, Félix, *Nouvelles en trois lignes,* t. 2.
Mac Orlan, Pierre, *Petit manuel du parfait aventurier.*
Mérimée, Prosper, *Le carrosse du Saint-Sacrement.*

Cortázar, Julio, *L'autoroute du Sud.*
Hearn, Lafcadio, *Kwaidan* ou *Histoires et études de choses étranges.*
Tanizaki, Junichirô, *Le pied de Fumiko.*

1999
Cros, Charles, *Grains de sel et autres poèmes.*
Rimbaud, Arthur, *Le lieu et la Formule.*
Verlaine, Paul, *Filles, Femmes et autres chansons.*

Bataille, Georges, *Poèmes et nouvelles érotiques.*
Œuvres érotiques anonymes du XVIIIe siècle, *La Messaline française.*
Sade, D. A. F. de, *L'ogre Minski.*

Félibien, André, *Relation de la fête de Versailles.*
Louis XIV, *Manière de montrer les jardins de Versailles.*
Scudéry, Madeleine de, *Promenade de Versailles.*

Collectif, *Chirico/Vitrac.*
Collectif, *Picasso/Reverdy.*
Collectif, *Vlaminck/Carco.*

Belmont, Nicole, *Comment on fait peur aux enfants.*
Dolto, Françoise, *Jeu de poupées.*
Dolto, Françoise, *Le dandy, solitaire et singulier.*

Le vin des écrivains
I. *Vins de France.*
II. *Vins d'ailleurs.*
III. *Alcools du Monde.*

2000
Bashkirtseff, Marie, *Journal.*
Cioran, *Cahier de Talamanca.*
Andreas-Salomé, Lou, *À l'école de Freud.*

Aragon, *Le Con d'Irène.*
Crébillon, *La Nuit et le Moment.*
Musset, Alfred de, *Gamiani ou Deux nuits d'excès.*

Collectif, *Hymnes au Masculin.*
Collectif, *Hymnes à la Terre-Mère.*
Roi Salomon, *Le Cantique des cantiques.*

2001

Grimm, *Lettres des Lumières.*
Catherine de Russie, *L'éloge du sang-froid.*
Lady M. W. Montagu, *L'Islam au cœur.*

Mme de La Fayette, *La Princesse de Montpensier.*
Mme Guyon, *Le Moyen court.*
La Grande Mademoiselle, *Mémoires.*

Cocteau, Jean, *Lettres à sa mère, 1906-1918.*
Dolto, Françoise, *Père et fille. Une correspondance, 1914-1938.*

Delerm, Philippe, *Monsieur Spitzweg s'échappe.*
Le Clézio, J. M. G., *Le jour où Beaumont fit connaissance avec sa douleur.*
Valdés, Zoé, *Ilam perdu.*

2002

Collectif, *Le Goût de Lisbonne.*
Collectif, *Le Goût de Venise.*
Collectif, *Le Goût de Barcelone.*

Busnot, Dominique, *Histoire du règne de Moulay Ismaïl.*
Pidou de Saint-Olon, François, *État présent de l'empire de Maroc.*
Moüette, Germain, *Relation de captivité dans les royaumes de Fez et de Maroc.*

Rousseau, Jean-Jacques, *Lettres élémentaires sur la botanique.*
Thoreau, Henry David, *Journal (1837-1852).*
Walpole, Horace, *Essai sur l'art des jardins modernes.*

Modiano, Patrick, *Éphémérides.*
Noguez, Dominique, *Saut à l'élastique dans le temps.*
Semprun, Jorge, *Les sandales.*

Calame-Griaule, Geneviève, *La parole du monde.*
Dolto, Françoise, *Kaspar Hauser, le séquestré au cœur pur.*
Dolto, Françoise, Lévy, Danielle Marie, *Parler juste aux enfants.*

Collectif, *Le Goût de Bruxelles.*
Collectif, *Le Goût de Palerme.*
Collectif, *Le Goût de Séville.*

Réalisation Pao : Dominique Guillaumin

Achevé d'imprimer
sur les presses de l'imprimerie Hérissey
en mai 2006.
Imprimé en France.

Premier dépôt légal : décembre 2001.
Dépôt légal : mai 2006.
N° d'imprimeur : 102125.